MILLE ET UNE RAISONS DE

PENSER
POSITIVEMENT

Catalogage avant publication de la Bibliothèque nationale du Canada

Vedette principale au titre:

Mille et une raisons de penser positivement: dictons, proverbes et aphorismes classiques pour dynamiser votre vie

(Collection Psychologie)

ISBN: 2-7640-0645-4

1. Éducation et discipline mentales – Citations, maximes, etc. 2. Qualité de la vie – Citations, maximes, etc. 3. Réalisation de soi – Citations, maximes, etc. I. Johnson, David. II. Collection: Collection Psychologie (Éditions Quebecor).

PN6089.M46M54 2003   153.4'2   C2003-940579-6

LES ÉDITIONS QUEBECOR
7, chemin Bates
Outremont (Québec)
H2V 4V7
Tél.: (514) 270-1746

© 2003, Les Éditions Quebecor, pour la présente édition
Bibliothèque nationale du Québec
Bibliothèque nationale du Canada

Éditeur: Jacques Simard
Coordonnatrice de la production: Dianne Rioux
Assistant de la production: Daniel Jasmin
Conception de la couverture: Bernard Langlois
Illustration de la couverture: Barros & Barros
Correction d'épreuves: Jocelyne Cormier
Infographie: Composition Monika, Québec

Nous reconnaissons l'aide financière du gouvernement du Canada par l'entremise du Programme d'Aide au Développement de l'Industrie de l'Édition pour nos activités d'édition.

Gouvernement du Québec – Programme de crédit d'impôt pour l'édition de livres – Gestion SODEC.

MILLE ET UNE RAISONS DE
PENSER
POSITIVEMENT

DAVID JOHNSON

LES ÉDITIONS
Quebecor
QUEBECOR MEDIA

À mon ami CJC, qui se reconnaîtra.

Dans la vie, il n'y a pas de solutions.
Il y a des forces en marche: il faut les
créer, et les solutions suivent.

– Antoine de Saint-Exupéry,
Vol de nuit

SOMMAIRE

AVANT-PROPOS

À mon esprit, un livre de pensées positives ne doit pas nécessairement être quelque chose de mièvre, même si c'est habituellement ce que l'on nous sert – ce que vous avez peut-être même déjà acheté.

Je ne vous en blâme pas, j'ai fait la même chose!

Mais il n'empêche que je crois, encore et toujours, qu'un tel genre de livre devrait suggérer quelque chose qui incite à la réflexion, qui nous oblige en quelque sorte à faire le point, à voir la corrélation entre ces mots et notre propre existence.

La langue française et son esprit sont d'ailleurs si riches que je ne comprends pas la nécessité – ou peut-être devrais-je dire la futilité? – de chercher à réduire une histoire et une intelligence si puissantes en des mots banals qui n'ont pour objectif que de plaire à tout un chacun.

Non, qu'on se le dise en toute honnêteté, les mots et les idées qu'ils propagent, s'ils sont significatifs, ne peuvent plaire à tous, à vous comme à moi. Vous les aimerez, je les détesterai; je les apprécierai, vous les exécrerez. Que grand bien nous fasse! C'est la preuve que nous sommes vivants, que nous «pensons» par nous-mêmes. Les idées, du moment où elles deviennent acceptées unanimement, ne sont plus des idées, elles sont une mode, et rapidement elles perdent tout sens et tout mérite.

Je crains d'ailleurs un peu, dans cet esprit, que la culture, française comme bien d'autres, finisse par passer dans le déchiqueteur des contraintes de la mondialisation.

Tout anglo-saxon que je sois – vous avez vu mon nom sur la page couverture –, je désespère de cette mainmise américaine qui étend sa chape sur ce qu'elle ne contrôle pas. Nous devons... mais que dis-je! vous devez garder et défendre les classiques de votre culture, parce que c'est plus que votre culture, c'est votre âme, c'est votre sens de la réflexion. C'est ce qui fait votre différence.

Oublions donc quelques instants le *fast food* culturel – il faut bien un Anglo-Saxon pour vous y conduire! Et balayons du même coup la pensée positive telle que véhiculée par cette culture *bubble gum*, là où la vie devrait couler comme une boisson sirupeuse de coca et être au goût de chacun. Plongeons plutôt ensemble dans la (re)découverte des bons mots des grands esprits. Et pour vous communiquer l'atmosphère dans laquelle je me trouve lorsque j'y plonge, je vous dirai simplement: élevons notre âme, élevons notre destinée.

Je sais d'ores et déjà que certaines pensées, certains proverbes ou aphorismes ne vous sembleront pas, d'évidence, positifs. Et vous avez sans doute raison. Imaginez, je vous offrirai des mots tels «Je suis comme un milieu entre Dieu et le néant» de René Descartes ou «L'homme absurde est celui qui ne change jamais» de l'ancien président français Clemenceau. Mais voilà, justement, ce que je vise, ce n'est pas du «tout cuit dans le bec» comme dit l'une de vos expressions. Je vous offre des idées, des pensées non seulement pour vous, mais aussi pour vos parents – peu importe leur âge – et vos enfants. Je vous offre quelque chose pour dynamiser votre vie, mais aussi la leur.

Bien sûr... bien sûr... et cela me ramène à mes premiers propos, vous ne trouverez pas de balivernes dans les pages qui suivent, et cela même si j'ai ajouté à la toute fin un recueil de pensées et de proverbes chinois, dont la plupart sont d'ailleurs anonymes. Vous aurez à faire vous-même votre effort pour comprendre, et comprendre – aussi, surtout – comment ces mots lancés ou écrits il y a cinq cents ou trois cents ans, ou plus récemment, peuvent dynamiser votre vie.

C'est à vous – et vous pouvez le faire, même si vous en doutez – de jouer.

Amour

Aimer, c'est trouver sa richesse hors de soi.

Alain (Émile Chartier, dit), *Éléments de philosophie* (Gallimard)

Les caresses des yeux sont les plus adorables.

Auguste Angelier, *À l'amie perdue* (Chailley)

Il est temps d'instaurer la religion de l'amour.

Louis Aragon, *Le Paysan de Paris* (Gallimard)

On gagne l'amour par la conscience d'abord,
et par la force de l'amour après.

Antonin Artaud, *Héliogabale ou l'Anarchiste couronné* (Gallimard)

Le hasard est le plus grand romancier du monde;
pour être fécond, il n'y a qu'à l'étudier.

Honoré de Balzac, *La Comédie humaine*, Avant-propos

L'amour est la seule passion qui ne souffre
ni passé ni avenir.

Honoré de Balzac, *Les Chouans*

Il est doux d'être aimé pour soi-même.

Pierre Augustin Caron de Beaumarchais, *Le Barbier de Séville* I, 1

Le couple heureux qui se reconnaît
dans l'amour défie l'univers et le temps.

Simone de Beauvoir, *Le Deuxième Sexe* (Gallimard)

C'est une grande duperie de croire que l'homme
moyen n'est susceptible que de passions moyennes.

Georges Bernanos, *Les Grands Cimetières sous la lune* (Plon)

Aimer, c'est... échapper par un seul être
à la médiocrité de tous les autres.

Abel Bonnard, *Savoir aimer* (Albin Michel)

La jalousie, c'est un manque d'estime
pour la personne qu'on aime.

Ivan Bounine, *Le Sacrement de l'amour*, II

Le bonheur s'attache aux plus fragiles aspects, et naît,
de préférence, des choses minimes et du vent.

Robert Brasillach, *L'enfant de la nuit* (Plon)

Je ne connais qu'un seul devoir, et c'est celui d'aimer.

Albert Camus, *Carnets* (Gallimard)

Si l'on doit aimer son prochaim comme soi-même,
il est au moins aussi juste de s'aimer
comme son prochain.

Chamfort (Sébastien Roch Nicolas, dit de), *Caractères et anecdotes*

Rien de précieux n'est transmissible.
Une vie heureuse est un secret perdu.

Jacques Chardonne, *Claire* (Grasset)

Le vrai bonheur coûte peu;
s'il est cher, il n'est pas d'une bonne espèce.

François René de Chateaubriand, *Article du Mercure*

La loi d'amour... fait que chacun sent en soi
l'immense unité humaine et devient fort autant
que tous ensemble.

Alphonse de Chateaubriant,
La Réponse du Seigneur (La Mappemonde)

La grande question dans la vie, c'est la douleur
que l'on cause, et la métaphysique la plus ingénieuse
ne justifie pas l'homme qui a déchiré le cœur
qui l'aimait.

Benjamin Constant (Henri-B. de Rebecque, dit), *Adolphe*

Il est évidemment bien dur de ne plus être aimé
quand on aime, mais cela n'est pas comparable
à l'être encore quand on n'aime plus.

Georges Courteline (Georges Moineaux, dit),
Le Philosophe de G. Courteline (Flammarion)

Les hommes (que les passions)
peuvent le plus émouvoir sont capables
de goûter le plus de douceur en cette vie.

René Descartes, *Les Passions de l'âme*

Il n'y a que les passions et les grandes passions
qui puissent élever l'âme aux grandes choses.

Denis Diderot, *Pensées philosophiques*

Que de routes prend et que de raisons se donne
le cœur pour en arriver à ce qu'il veut.

Alexandre Dumas fils, *La Dame aux camélias*, Préface

L'amour choisit l'amour sans changer de visage.

Paul Éluard (Eugène Grindel, dit),
L'Amour de la poésie, Premièrement (Gallimard)

– Qu'est-ce donc qu'on appelle amour
chez les humains?
– Rien n'est plus doux, ma fille,
ni amer tout ensemble.

Euripide, *Hyppolyte*, 347-348

Seul celui qui aime existe.

Ludwig Feuerbach, *Critiques philosophiques*, 2

L'amour seul est assez fort pour défendre
contre l'amour.

Robert de Flers et Gaston Arman de Caillavet, *L'Amour veille*
(Librairie théâtrale)

Le plus grand secret pour le bonheur,
c'est d'être bien avec soi.

Bernard Le Bovier de Fontenelle, *Du bonheur*

Moi, j'ai toujours l'amour cousu dans mes entrailles.

Robert Garnier, *Antigone*

Car, vois-tu, chaque jour je t'aime davantage,
aujourd'hui plus qu'hier et bien moins que demain.

Rosemonde Gérard, *Les Pipeaux* (Fasquelle)

J'aime ceux qui ne savent pas trop pourquoi
ils aiment, c'est qu'alors ils aiment vraiment.

André Gide, *Ainsi soit-il* (Gallimard)

Mieux vaut être seul que mal accompagné.

Pierre Gringore, *Notables Enseignements, adages et proverbes*

L'amour et la haine, la haine et l'amour,
tout cela est passé sur moi;
pourtant je n'en ai gardé nulle trace,
je suis resté toujours le même.

Heinrich Heine, *Livre des chants, le Retour*

Apprendre par cœur; ce mot me plaît.
Il n'y a guère en effet que le cœur qui retienne bien,
et qui retienne vite.

Marie-Jean Hérault de Séchelles, *Réflexions sur la déclamation*

Qui aime bien aime impatiemment.

Étienne Jodelle, *Didon se sacrifiant*

Il ne faut choisir pour épouse que la femme
qu'on choisirait pour ami, si elle était un homme.

Joseph Joubert, *Pensées*

Aimer, c'est n'avoir plus droit au soleil
de tout le monde. On a le sien.

Marcel Jouhandeau, *Algèbre des valeurs morales* (Gallimard)

Hélas, la porte du bonheur ne s'ouvre pas vers
l'intérieur, et il ne sert donc à rien de s'élancer
contre elle pour la forcer.
Elle s'ouvre vers l'extérieur. Il n'y a rien à faire.

Soren Kierkegaard, *Ou bien... Ou bien...*

Aimez, aimez, tout le reste n'est rien.

Jean de La Fontaine, *Les Amours de Psyché et de Cupidon*

Amants, heureux amants, voulez-vous voyager?
Que ce soit aux rives prochaines.
Soyez-vous l'un à l'autre un monde toujours beau,
toujours divers, toujours nouveau;
tenez-vous lieu de tout, comptez pour rien le reste.

Jean de La Fontaine, *Fables, les Deux Pigeons*

Amour, amour, quand tu nous tiens,
on peut bien dire: Adieu, prudence!

Jean de La Fontaine, *Fables, le Lion amoureux*

Je ne sépare point l'idée de bonheur
de l'idée de perfection.

Lambert (A. T. de Marguenat de Courcelles, marquise de),
Lettres à l'abbé

Le plaisir de l'amour est d'aimer, et l'on est plus
heureux par la passion que l'on a que par
celle que l'on donne.

Duc François de La Rochefoucauld, *Maximes*

En amour, on plaît plutôt par d'agréables défauts
que par des qualités essentielles...

Ninon de Lenclos (Anne, dite), *Lettres*

Les maux sont moins néfastes au bonheur
que l'ennui.

Giacomo Leopardi, *Zibaldone*, III, 229

En amour, il n'y a que les commencements
qui soient charmants.
Il ne m'étonne pas qu'on trouve du plaisir
à recommencer souvent.

Prince Charles-Joseph de Ligne, *Mes écarts*

L'amour humain ne se distingue du rut stupide
des animaux que par deux fonctions divines:
la caresse et le baiser.

Pierre Lous (Pierre Louis, dit), *Aphrodite* (Fasquelle)

Quand on n'a pas ce que l'on aime,
il faut aimer ce qu'on n'a pas.

Maurice Maeterlinck, *Treize chansons de l'âge mûr* (Fasquelle)

La fidélité ne s'affirme vraiment
que là où elle défie l'absence.

Gabriel Marcel, *Du refus à l'invocation* (Gallimard)

Amour fait vivre, et crainte fait mourir.

Clément Marot, *Élégie*, VIII

L'homme qui aime normalement sous le soleil
adore frénétiquement sous la lune.

Guy de Maupassant, *Sur l'eau*

La certitude d'être aimé donne beaucoup
de grâce à un esprit timide en lui rendant le naturel.

André Maurois (Émile Herzog, dit), *De la conversation* (Hachette)

Un mariage heureux est une longue conversation
qui semble toujours trop brève.

André Maurois (Émile Herzog, dit), *Mémoires* (Flammarion)

Et j'ai fidèlement aimé ta belle tête
sous des cheveux châtains et sous des cheveux gris.

François Maynard, Stances, *À la belle vieille*

Il le faut avouer, l'amour est un grand maître,
ce qu'on ne fut jamais, il nous enseigne à l'être.

Molière (Jean-Baptiste Poquelin, dit),
L'*École des femmes*, III, 4, Horace

Un bon mariage, s'il en est, refuse la compagnie
de l'amour.
Il tâche à représenter celles de l'amitié.

Michel Eyquem, seigneur de Montaigne, *Essais*, III, 5

Tout ce qui n'est pas passion est sur un fond d'ennui.

Henry Milton de Montherlant, *Aux fontaines du désir* (Gallimard)

Après avoir souffert, il faut souffrir encore;
il faut aimer sans cesse après avoir aimé.

Alfred de Musset, *Poésies, La Nuit d'août*

L'amour constant ressemble à la fleur du soleil,
qui rend à son déclin, le soir, le même hommage
dont elle a, le matin, salué son réveil!

Gérard de Nerval (Gérard Labrunie, dit), *Poésies diverses, Mélodie*

Ce n'est pas un travail vite fait que d'aimer.

Marie Noël (Marie Rouget, dit),
Chants de la merci, Préludes et exercices (Stock)

La voix du sentiment ne peut nous égarer,
et l'on n'est point coupable en suivant la nature.

Évariste Désiré de Parny, *Élégies*

Le cœur a ses raisons que la raison ne connaît point;
on le sait en mille choses.

Blaise Pascal, *Pensées*, 277

Tout est beau dans ce que l'on aime,
tout ce qu'on aime a de l'esprit.

Charles Perrault, *Riquet à la houppe, Moralité*

L'amour, cette absence de mémoire,
ne retient de nous que notre éternité.

Henri Petit, *Ordonne ton amour* (Grasset)

L'amour sort du futur avec un bruit de torrent,
et il se jette dans le passé pour le laver
de toutes les souillures de l'existence.

André Pieyre de Mandiargues, *Mascarets, le Marronnier* (Gallimard)

L'amour physique, si injustement décrié,
force tellement tout être à manifester jusqu'aux
moindres parcelles qu'il possède de bonté,
d'abandon de soi, qu'elles resplendissent
jusqu'aux yeux de l'entourage immédiat.

Marcel Proust, *À la recherche du temps perdu, Le côté de Guermantes*

L'amour, c'est l'espace et le temps rendus
sensibles au cœur.

Marcel Proust, *À la recherche du temps perdu, Prisonnière*

Je suis venu vers vous sans savoir mon dessein:
mon amour m'entraînait;
et je venais peut-être pour me chercher moi-même
et pour me reconnaître.

Jean Racine, *Athalie*, II, 2, Titus

Si le cœur a ses raisons que la raison ne connaît pas,
c'est que celle-ci est moins raisonnable
que notre cœur.

Raymond Radiguet, *Le Diable au corps* (Grasset)

Rien ne naît que d'amour,
et rien ne se fait que d'amour;
seulement il faut tâcher de connaître les différents
étages de l'amour.

Charles Ferdinand Ramuz, *Chant de notre Rhône* (Georg)

Les feux de l'amour laissent parfois
une cendre d'amitié.

Henri de Régnier, *«Donc...»* (Kra)

Il faut de l'artifice pour se faire aimer;
il faut chercher avec quelque adresse les moyens
d'enflammer, et l'amour tout seul ne donne point
de l'amour.

Religieuse portugaise, *Lettres portugaises*

Le bonheur... est un fruit délicieux,
qu'on ne rend tel qu'à force de culture.

Restif de la Bretonne (Nicolas Restif, dit), *Les Parisiennes*

Toutes les dettes reçoivent quelque compensation,
mais seul l'amour peut payer l'amour.

Fernando de Rojas, *La Célestine*

Un homme vraiment heureux ne parle guère
et ne rit guère:
il resserre les lèvres pour ainsi dire son bonheur
autour de lui.

Jean-Jacques Rousseau, *Émile ou de l'éducation*

Je ne dirai pas les raisons que tu as de m'aimer.
Car tu n'en as point. La raison d'aimer, c'est l'amour.

Antoine de Saint-Exupéry, *Citadelle* (Gallimard)

Aimer, ce n'est pas se regarder l'un l'autre,
c'est regarder ensemble dans la même direction.

Antoine de Saint-Exupéry, *Terre des hommes* (Gallimard)

La mémoire est dans le cœur;
car, quand elle ne nous vient point de cet endroit,
nous n'en avons pas plus que des lièvres.

Marie de Rabutin-Chantal, marquise de Sévigné,
Correspondance, à Mme de Grignan, 9 septembre 1671

L'amour ne voit pas avec les yeux, mais avec l'âme.

William Shakespeare, *Le Songe d'une nuit d'été,* I, 1, Helena

Pour l'amour et la beauté et le bonheur,
il n'y a ni mort ni changement.

Percy Bysshe Shelley, *La Sensitive*

Bien aimer, c'est aimer follement.

André Suarès, *Poète tragique* (Émile-Paul)

On voyait le sillage et nullement la barque,
parce que le bonheur avait passé par là.

Jules Supervielle, *Les Amis inconnus, le Sillage* (Gallimard)

Il faut aussi de la féerie dans le mariage.

Jules Supervielle, *Le Voleur d'enfants* (Gallimard)

L'âme humaine est faite pour n'être pas seule.

R. P. Pierre Teilhard de Chardin, *Écrits du temps de guerre* (Le Seuil)

Le prix d'Amour, c'est seulement Amour...
Il faut aimer si l'on veut être aimé.

Honoré d'Urfé, *Le Sylvanire ou la Morte vive*, I, 1

Voici des fruits, des fleurs, des feuilles et des branches,
et puis voici mon cœur, qui ne bat que pour vous.

Paul Verlaine, *Romances sans paroles, Green* (Messein)

En amour, il ne s'agit pas d'aimer mais de préférer.

Louise de Vilmorin, *La Lettre dans un taxi* (Gallimard)

31

L'amour triomphe de tout.

Virgile (Publius Virgilus Maro), *Les Bucoliques*, X, 69

Malheureux, dont le cœur ne sait pas comme on aime, et qui n'ont point connu la douceur de pleurer.

Voltaire (François Marie Arouet, dit),
Épîtres, aux mânes de M. de Genonville

Famille

Enfance et jeunesse

Ô père de famille, ô poète, je t'aime.

Émile Augier, *Gabrielle, dernier vers*

Le cœur d'une mère est un abîme au fond duquel
se trouve toujours un pardon.

Honoré de Balzac, *La Femme de trente ans*

Béni soit celui qui a préservé
du désespoir un cœur d'enfant!

Georges Bernanos, *Journal d'un curé de campagne* (Plon)

Transmettre la vie, c'est admettre l'immortalité.

Henry Bordeaux, *Les Roquevillard* (Plon)

Cette recrue continuelle du genre humain,
je veux dire les enfants qui naissent,
à mesure qu'ils croissent et qu'ils s'avancent,

semblent nous pousser de l'épaule et nous dire:
Retirez-vous, c'est maintenant notre tour.

Jacques Bénigne Bossuet, *Sermon sur la mort*

La jeunesse attend toujours d'un nouveau dieu,
d'un nouveau chef ce qu'elle n'obtiendra
qu'à force de vieillir.

Robert Brasillach, *La Reine de Césarée* (Plon)

Ce n'est pas la souffrance de l'enfant qui est
révoltante en elle-même,
mais le fait que cette souffrance ne soit pas justifiée.

Albert Camus, *L'homme révolté* (Gallimard)

Il faut être l'homme de la pluie
et l'enfant du beau temps.

René Char, *Le Marteau sans maître* (José Corti)

Il faut avoir le courage d'abandonner ses enfants:
leur sagesse n'est pas la nôtre.

Jacques Chardonne,
L'Amour c'est beaucoup plus que l'amour (Albin Michel)

Une trop grande liberté, un «fais ce que tu veux»
commode, met la jeunesse dans l'impossibilité de
désobéir, alors que rien d'audacieux n'existe
sans la désobéissance à des règles.

Jean Cocteau, *Poésie critique* (Gallimard)

Je suis jeune, il est vrai; mais aux âmes bien nées,
la valeur n'attend point le nombre des années.

Pierre Corneille, *Le Cid*, II, 2, Rodrigue

Le tout, c'est d'avoir du génie à vingt ans
et du talent à quatre-vingts.

Camille Corot, cité par Marguerite Matisse,
Les Nouvelles Littéraires, n° 22, 23 avril 1970

On ne comprend guère le mot jeunesse
avant trente ans.

Jean Dutourd, *L'Âme sensible* (Gallimard)

Vieillir, c'est organiser sa jeunesse au cours des ans.

Paul Éluard (Eugène Grindel, dit),
Poésies ininterrompues (Gallimard)

Enfants, obéissez en tout à vos parents,
c'est cela qui est beau dans le Seigneur.
Parents, n'exaspérez pas vos enfants de peur
qu'ils ne se découragent.

Épîtres de saint Paul aux Colossiens, III, 20-21

Si jeunesse savait, si vieillesse pouvait.

Henri Estienne, *Les Prémices*

Laissez venir à moi les petits enfants; ne les empêchez
pas, car c'est à leurs pareils qu'appartient
le royaume de Dieu.

Évangile selon saint Matthieu, XIX, 6

La jeunesse ressent un plaisir incroyable lorsqu'on
commence à se fier à elle.

Fénelon (François de Salignac de la Mothe), *De l'Éducation des filles*

Dans l'adolescence on aime les autres femmes parce
qu'elles ressemblent plus ou moins à la première;
plus tard on les aime parce qu'elles diffèrent
entre elles.

Gustave Flaubert, *Carnets*

La jeunesse a cela de beau qu'elle peut admirer
sans comprendre.

Anatole France (Anatole François Thibault, dit),
La Vie en fleur (Calmann-Lévy)

Faites comme les petits enfants qui de l'une des mains
se tiennent à leur père et de l'autre cueillent
des fraises ou des mûres le long des haies...

Saint François de Sales, *Introduction à la vie dévote*

La jeunesse a pour privilège d'être à elle-même
sa propre justification.
Elle croit parce qu'elle existe et n'a nul besoin
de démontrer ce qu'elle croit.

Jean Grenier, *Inspirations méditerranéennes* (Gallimard)

Tout est sauvé si l'on demeure
capable d'étonnement.

Jean Guéhenno, *La Foi difficile* (Grasset)

Lorsque l'enfant paraît, le cercle de famille
applaudit à grands cris.
Son doux regard qui brille fait briller tous les yeux.

Victor Hugo, *Les Feuilles d'automne, Lorsque l'enfant paraît*

Personne ne garde un secret comme un enfant.

Victor Hugo, *Les Misérables*

La vieillesse n'ôte à l'homme d'esprit
que des qualités inutiles à la sagesse.

Joseph Joubert, *Pensées*

Tout sied à la jeunesse;
elle noie le vilain détail dans le flot ininterrompu
de ses forces vives.

Franz Kafa, *La Colonie pénitentiaire*

La jeunesse est une ivresse continuelle:
c'est la fièvre de la santé; c'est la folie de la raison.

Duc François de La Rochefoucauld, *Maximes*

Ce qui fait que la plupart des petits enfants plaisent,
c'est qu'ils sont encore renfermés dans cet air
et dans ces manières que la nature leur a donnés,
et qu'ils n'en connaissent point d'autres.

Duc François de La Rochefoucauld, *Réflexions diverses*

Être grave dans sa jeunesse, cela se paie, souvent,
par une nouvelle jeunesse dans l'âge mûr.

Paul Léautaud, *Passe-temps* (Mercure de France)

Un frère est un ami donné par la nature.

Gabriel Marie Legouvé, *La Mort d'Abel*

Et pour cet art de connaître les hommes...
je vous dirai, mon fils, qu'il se peut apprendre,
mais qu'il ne se peut enseigner.

Louis XIV, roi de France, *Mémoires*

Où peut-on être mieux qu'au sein de sa famille?

Jean-François Marmontel,
Lucille, opéra sur une musique de Grétry (1769)

Les jeux des enfants ne sont pas des jeux, et les faut
juger en eux comme leurs plus sérieuses actions.

Michel Eyquem, seigneur de Montaigne, *Essais*, I, 23

La pire colère d'un père contre son fils est plus
tendre que le plus tendre amour d'un fils
pour son père.

Henry Milton de Montherlant, *La Reine morte*, I, 2, Don Manœl

Dire que, quand nous serons grands,
nous serons peut-être aussi bêtes qu'eux!

Louis Pergaud, *La Guerre des boutons* (Mercure de France)

Le conte de *Peau d'Âne* est difficile à croire,
mais tant que dans le monde on aura des enfants,
des mères et des mères-grands,
on en gardera la mémoire.

Charles Perrault, *Peau d'Âne*

Heureux celui qui fut jeune en son jeune âge,
heureux celui qui sut mûrir à temps.

Aleksandr Sergheïevitch Pouchkine, *Eugène Onéguine*, VIII, 10

L'adolescence est le seul temps
où l'on ait appris quelque chose.

Marcel Proust, *À la recherche du temps perdu*,
À l'ombre des jeunes filles en fleurs (Gallimard)

Tout âge porte ses fruits, il faut savoir les cueillir.

Raymond Radiguet, *Le Bal du comte d'Orgel* (Grasset)

Chaque âge a ses humeurs, son goût et ses plaisirs,
et comme notre poil blanchissent nos désirs.

Mathurin Régnier, *Satires*, V, à M. Bertault, évêque de Sées

Jeune, on se passe très aisément d'esprit dans la
beauté qu'on aime et de bon sens dans les talents
qu'on admire.

Charles Augustin Sainte-Beuve, *Mes poisons*

Un enfant endormi est bien le plus beau,
le plus tendre et le plus puissant spectacle
qui puisse s'offrir à des yeux humains.

Stijn Streuvels (Frank Lateur, dit), *Poucette, la Vie quotidienne*

La jeunesse est une manière de se tromper qui se change assez vite en une manière de ne plus même pouvoir se tromper.

Paul Valéry, *La Jeune Parque* (Gallimard)

L'école n'est pas la seule à instruire les jeunes. Le milieu et l'époque ont sur eux autant et plus d'influence que les éducateurs.

Paul Valéry, *Variété, Le bain de l'intelligence* (Gallimard)

Les conseils de la vieillesse éclairent sans échauffer, comme le soleil de l'hiver.

Luc de Clapiers, marquis de Vauvernargues, *Réflexions et maximes*

Qu'est-ce qu'une grande vie sinon une pensée de la jeunesse exécutée par l'âge mûr?

Alfred de Vigny, *Cinq-Mars*

Déploie ton jeune courage, enfant; c'est ainsi qu'on s'élève jusqu'aux astres.

Virgile, *Publius Virgilus Maro*, IX, 641

Les enfants commencent par aimer leurs parents.
En grandissant, ils les jugent,
quelquefois ils leur pardonnent.

Oscar Wilde, *Le Portrait de Dorian Gray*, 5

Amitié

N'abandonne pas un vieil ami,
le nouveau venu ne le vaudra pas.
Vin nouveau, ami nouveau, laisse-le vieillir,
tu le boiras avec délices.

Ancien Testament, *Ecclésiastique*, IX, 10

Tu ne te vengeras pas et tu ne garderas pas
de rancune envers les enfants de ton peuple.
Tu aimeras ton prochain comme toi-même.

Ancien Testament, *Jérémie*, XIX, 18

Entre deux individus, l'harmonie n'est jamais
donnée, elle doit indéfiniment se conquérir.

Simone de Beauvoir, *La Force de l'âge* (Gallimard)

Il me semblait que la terre n'aurait pas été habitable
si je n'avais eu personne à admirer.

Simone de Beauvoir, *La Force de l'âge* (Gallimard)

Le véritable ami est celui à qui on n'a rien à dire.
Il contente à la fois notre sauvagerie
et notre besoin de sociabilité.

Tristan Bernard (Paul Bernard, dit),
La Faune des Plateaux (Flammarion)

Les vrais amis sont les solitaires ensemble.

Abel Bonnard, *L'Amitié* (Hachette)

Il n'y a pas deux temps pareils de solitude
car on n'est jamais seul de la même façon.

Henri Bosco, *Malicroix* (Gallimard)

Un mot et tout est sauvé.

André Breton, *Le Revolver à cheveux blancs* (Gallimard)

Pour faire la paix, il faut être deux:
soi-même et le voisin d'en face.

Aristide Briand, *Paroles de paix* (Figuière)

Je prends le bon partout où je le trouve.

Président Charles de Brosses, *Lettre à Duhamel de Montceau*

Dans le monde, disait M...,
vous avez trois sortes d'amis:
vos amis qui vous aiment,
vos amis qui ne se soucient pas de vous,
et vos amis qui vous haïssent.

Chamfort (Sébastien Roch Nicolas, dit de), *Caractères et anecdotes*

Un ami sûr se révèle dans l'adversité.

Cicéron (Marcus Tullius Cicero), *De l'amitié*, XVII, 64

Ne pourrait-on même soutenir que c'est parce
que les hommes sont inégaux qu'ils ont d'autant
plus besoin d'être frères?

Charles Du Bos, *Journal* (Corrêa)

Le passant qui vous arrête et qui vous demande
du feu, laissez-le seulement parler:
au bout de dix minutes, il vous demandera Dieu.

Georges Duhamel, *Défense des lettres* (Mercure de France)

Chacun est l'ombre de tous.

Paul Éluard (Eugène Grindel, dit),
Les Armes de la douleur (Éditeurs français réunis)

Qui que tu sois, ta main gardera ma marque.
Je te reconnaîtrai.

Paul Féval, *Le Bossu*

Aidons-nous mutuellement,
la charge de nos maux en sera plus légère.

Jean-Pierre Claris de Florian, *Fables, L'Aveugle et le paralytique*

Le meilleur moyen pour apprendre à se connaître,
c'est de chercher à comprendre autrui.

André Gide, *Journal* (Gallimard)

Ne peut rien pour le bonheur d'autrui celui
qui ne sait être heureux lui-même.

André Gide, *Les Nouvelles Nourritures* (Gallimard)

Il faut aimer toutes les âmes comme si chacune
était celle de son propre enfant.

Graham Greene, *La Puissance et la gloire*, II, 1

Il y a autant de générosité à recevoir qu'à donner.

Julien Green, *Moïra* (Plon)

On se dit au revoir quand on espère bien
qu'on ne se reverra jamais, et on se revoit volontiers
quand on s'est dit adieu.

Sacha Guitry, *Toâ* (Solar)

Une bonne confession vaut mieux
qu'une mauvaise excuse.

Jean Hamon, *Lettre à un ami*

Ami est quelquefois un mot vide de sens,
ennemi, jamais.

Victor Hugo, *Tas de pierres* (Milieu du monde)

On peut, à force de confiance,
mettre quelqu'un dans l'impossibilité
de nous tromper.

Joseph Joubert, *Carnets*

Chacun se dit ami: mais fou qui s'y repose:
rien n'est plus commun que ce nom,
rien n'est plus rare que la chose.

Jean de La Fontaine, *Fables, Parole de Socrate*

Il y a tant de plaisir à faire du bien, à sentir,
à connaître celui qu'on reçoit,
tant de contentement à pratiquer la vertu...
que je tiens pour assez puni,
quiconque a le malheur de n'être pas né vertueux.

Julien Offroy de La Mettrie, *L'homme machine*

Dans la vie courante, dans ses relations avec
ses pareils, l'homme doit se servir de sa raison,
mais il commettra moins d'erreurs s'il écoute
son cœur.

Pierre Lecomte du Noüy, *L'Homme et sa destinée* (La Colombe)

Vous voulez vous aimer: aimez-vous donc
dans les autres;
car votre vie est dans les autres,
et sans les autres votre vie n'est rien.

Pierre Leroux, *De l'humanité, de son principe et de son avenir*

Il n'arrive jamais de grands événements intérieurs
à ceux qui n'ont rien fait pour les appeler à eux.

Maurice Maeterlinck, *La Sagesse et la destinée* (Fasquelle)

Assiste ton frère, qu'il soit oppresseur ou opprimé.

Mahomet, *Tradition mulsulmane*

Le difficile n'est pas d'être avec ses amis
quand ils ont raison, mais quand ils ont tort.

André Malraux, *L'Espoir* (Gallimard)

Nos amis ne connaissent jamais que les marges
d'eux-mêmes qu'ils découvrent en nous.

George Moore, *Memoirs of my Dead Life*, XII

Un souvenir, mon ami.
Nous ne vivons qu'en avant ou en arrière.

Gérard de Nerval (Gérard Labrunie, dit), *Fragments, Un souvenir*

C'est une grande preuve de noblesse
que l'admiration survive à l'amitié.

Jules Renard, *Journal, 25 mai 1897*

Les vieux amis sont comme les vieux vins qui,
en perdant de leur verdeur et de leur montant,
gagnent en chaleur suave.

Charles Augustin Sainte-Beuve, *Correspondance,* à Paul Lacroix,
novembre 1838

L'amitié d'un grand homme est un bienfait
des dieux.

Voltaire (François Marie Arouet, dit), *Œdipe,* I, 1, Philoctète

Santé

Âge, vie et mort

Qui n'a pas vu la route à l'aube,
entre ses deux rangées d'arbres, toute fraîche,
toute vivante, ne sait pas ce que c'est que l'espérance.

Georges Bernanos, *Monsieur Ouine* (Plon)

Une douleur n'étant ni petite ni grande,
qu'autant que le courage est ou grand ou petit.

Jean Bertaut, *Cantique*

Dis-moi ce que tu manges, je te dirai ce que tu es.

Anthelme Brillat-Savarin, *Physiologie du goût*

On meurt chaque soir. Mais nous sommes des morts
qui se souviennent.

José Cabanis, *Des jardins en Espagne* (Gallimard)

Il y a quelque chose de faible et d'infini dans le cœur
des vieilles gens à quoi l'on ne devrait jamais toucher,

devant quoi l'on devrait trembler comme avant
d'enseigner une religion à des enfants.

Jean Cassou, *Les Harmonies viennoises* (Albin Michel)

Une femme, âgée de quatre-vingt-dix ans,
disait à M. de Fontenelle,
âgé de quatre-vingt-quinze ans:
«La mort nous a oubliés.»
– «Chut!», lui répondit M. de Fontenelle
en mettant le doigt sur sa bouche.

Chamfort (Sébastien Roch Nicolas, dit de), *Caractères et anecdotes*

La vieillesse est une voyageuse de nuit:
la terre lui est cachée;
elle ne découvre plus que le ciel.

François René de Chateaubriand, *Vie de Rancé*

La mort est simplement le terme de la vie,
de peines ni de biens elle n'est point suivie.

Guillaume Amfrye, abbé de Chaulieu,
Épître à Mme la Duchesse de Bouillon

Quoi que l'heure présente ait de trouble et d'ennui,
je ne veux point mourir encore.

André de Chénier, *La Jeune Captive*

Lorsque l'esprit est plein de joie,
cela sert beaucoup à faire que le corps se porte mieux
et que les objets présents paraissent plus agréables.

René Descartes, *Cogitations privatae, à Élisabeth*

Toute chose naît pour périr, et tout ce qui périt
retourne pour une autre fois refleurir.

Robert Garnier, *Cornélie*

Ce que nous pensons de la mort n'a d'importance
que par ce que la mort nous fait penser de la vie.

Charles de Gaulle, *Propos recueillis par Malraux*
dans *Les chênes qu'on abat* (Gallimard)

Quand je cesserai de m'indigner,
j'aurai commencé ma vieillesse.

André Gide, *Nouveaux Prétextes* (Mercure de France)

Les joies du monde sont notre seule nourriture.
La dernière petite goutte nous fait encore vivre.

Jean Giono, *Que ma joie demeure* (Grasset)

Si l'on consultait l'expérience au lieu du préjugé,
la médecine fournirait à la morale la clef du cœur
humain, et en guérissant le corps, elle serait aussi
assurée de guérir l'esprit.

Holbach (Paul Henri Dietrich, baron d'), *Système de la nature*

Et l'on voit de la flamme aux yeux des jeunes gens,
mais dans l'œil du vieillard, on voit de la lumière.

Victor Hugo, *La Légende des siècles, Aymerillot*

La mort ne surprend point le sage:
il est toujours prêt à partir.

Jean de La Fontaine, *Fables, la Mort et le Mourant*

En vieillissant on devient plus fou et plus sage.

Duc François de La Rochefoucauld, *Maximes*

Allez où vos yeux vous mènent,
Dieu les fermera demain.

Maurice Maeterlinck, *Treize chansons de l'âge mûr* (Fasquelle)

Avec l'âge, ne pas achever peut donner l'illusion
d'entreprendre encore.

Robert Mallet, *Apostilles* (Gallimard)

La mort laisse la vie de l'âme se maintenir
entre ceux qui aiment.

Louis Massignon, *Lettre à Hélène Maspero*

La mort... ne peut être pensée puisqu'elle est absence
de pensée, il faut donc vivre
comme si nous étions éternels.

André Maurois (Émile Herzog, dit), *Ce que je crois* (Grasset)

C'est par sa mort parfois qu'un homme montre
qu'il était digne de vivre.

Francis Ponge, *Tome premier, Note sur les otages* (Gallimard)

La santé n'est qu'un mot, qu'il n'y aurait
inconvénient à rayer de notre vocabulaire.
Pour ma part, je ne connais que des gens plus ou
moins atteints de maladies plus ou moins nombreuses
à évolution plus ou moins rapide.

Jules Romains (Louis Farigoule, dit),
Les Hommes de bonne volonté, II, 3, Knock (Flammarion)

On n'est pas vieux tant que l'on cherche.

Jean Rostand, *Carnet de biologie* (Stock)

Il n'y a aucun remède contre la naissance
et contre la mort, sinon de profiter de la période
qui les sépare.

George Santayana, *Soliliquies in England*

Si vous voulez vivre longtemps, vivez vieux.

Erik Satie, *Cahier d'un mammifère*

Travail

Expérience de vie

Je n'ai jamais rien étudié, mais tout vécu
et cela m'a appris quelque chose.

Antonin Artaud, dans *Revue 84*, n° 16

Il y a du bonheur dans toute espèce de talent.

Honoré de Balzac, *Le Cabinet des antiques,* Préface

Et ceux qui ne font rien ne se trompent jamais.

Théodore de Banville, *Odes funambulesques*

Hâtez-vous lentement, et sans perdre courage,
vingt fois sur le métier remettez votre ouvrage.
Polissez-le sans cesse et repolissez encore.

Boileau-Despréaux (Nicolas Boileau, dit), *L'Art poétique*

Dans les grandes actions il faut uniquement songer à
bien faire, et laisser venir la gloire après la vertu.

Jacques Bénigne Bossuet,
Oraison funèbre de Louis de Bourbon, prince de Condé

L'être humain n'a pas de bornes,
il s'étend à mesure que l'univers se déploie.

Georges-Louis Leclerc, comte de Buffon, *Histoire naturelle de l'homme*

Tout pouvoir vient d'une discipline
et se corrompt dès qu'on en néglige les contraintes.

Roger Caillois, *Art poétique* (Gallimard)

Aller jusqu'au bout, ce n'est pas seulement résister,
mais aussi se laisser aller.

Albert Camus, *Carnets* (Gallimard)

Il n'y a pas de petites ressources pour le génie,
il n'y en a que de possibles ou impossibles.

L.-F. Céline (Louis-Ferdinand Destouches, dit),
Semmelweis (Gallimard)

On gouverne les hommes avec la tête.
On ne joue pas aux échecs avec un bon cœur.

Chamfort (Sébastien Roch Nicolas, dit de), *Caractères et anecdotes*

Rien de grand ne se fait sans l'idée fixe,
ce clou à transpercer l'invisible.

Malcolm de Chazal, *Sens plastique* (Gallimard)

L'homme connaît le monde non point par
ce qu'il y dérobe mais par ce qu'il y ajoute.

Paul Claudel, *Art poétique* (Mercure de France)

On croit toujours que c'est plus facile de réussir
dans ce qu'on n'a pas appris que dans
ce qu'on a appris, c'est naturel.

Sidonie Gabrielle Colette,
Mitsou ou Comment l'esprit vient aux filles (Fayard)

Nul ne possède d'autre droit que celui de toujours
faire son devoir.

Auguste Comte, *Système de politique positive*

L'ouvrier qui veut bien faire son travail doit
commencer par aiguiser ses instruments.

Confucius, *Entretiens*, VIII, 15

69

Ne soyez ni obstinés dans le maintien de ce qui s'écroule, ni trop pressés dans l'établissement de ce qui semble dangereux.

Benjamin Constant (Henri-B. de Rebecque), *De l'esprit de conquête*

À vaincre sans péril, on triomphe sans gloire.

Pierre Corneille, *Le Cid*, II, 2, le comte

Je suis maître de moi comme de l'univers;
je le suis, je veux l'être.

Pierre Corneille, *Cinna*, v. 3 Auguste

De toutes les vertus, celle qui, dans le monde, m'a toujours paru réussir le moins à celui qui la pratique, c'est la modestie.

Crébillon fils (Claude-Prosper Jolyot de Crébillon, dit), *Les Égarements du cœur et de l'esprit*

Le secret de n'avoir pas d'ennuis, pour moi du moins, c'est d'avoir des idées.

Eugène Delacroix, *Journal*, 14 juillet 1847

Je prends beaucoup plus de plaisir à m'instruire
moi-même que non pas à mettre par écrit le peu
que je sais.

René Descartes, *Correspondance*, à Mercennes, 15 avril 1630

Ceux qui ne marchent que fort lentement peuvent
avancer beaucoup davantage, s'ils suivent toujours
le droit chemin, que ne font ceux qui m'offriraient
les plus honorables emplois de la terre.

René Descartes, *Discours de la méthode*

Il n'y a qu'un devoir, c'est d'être heureux.

Denis Diderot, *Entretiens*

Le génie est fait de un pour cent d'inspiration
et de quatre-vingt-dix-neuf pour cent de transpiration.

Thomas Alva Edison, *Entrevue*, dans *Life*, 1932

Il n'y a de grandeur pour qui veut grandir.
Il n'y a pas de modèle pour qui cherche
ce qu'il n'a jamais vu.

Paul Éluard (Eugène Grindel, dit), *L'Évidence poétique* (Gallimard)

Rien de grand n'a jamais été accompli
sans enthousiasme.

Ralph Waldo Emerson, *Essays, Art*

Telle est la vocation de l'homme:
se délivrer de sa cécité.

Max Ernst, *Écritures* (Gallimard)

Qui sème chichement moissonnera chichement;
qui sème largement moissonnera largement.

Épîtres, *Épître de saint Paul*

On n'est jamais si bien servi que par soi-même.

Charles Guillaume Étienne, *Brueys et Palaprat*

(L'homme) est une plante qui porte des pensées,
comme un rosier porte des roses,
et un pommier des pommes.

Philippe Fabre d'Églantine, *L'Histoire philosophique du genre humain*

Le génie, c'est Dieu qui le donne,
mais le talent nous regarde.

Gustave Flaubert, *Correspondance*, à Louise Colet, 1853

Chacun son métier, les vaches seront bien gardées.

Jean-Pierre Claris de Florian, *Fables, le Vacher et le Garde-Chasse*

Ne me dites pas que ce problème est difficile.
S'il n'était pas difficile, ce ne serait pas un problème.

Maréchal Ferdinand Foch

La machine conduit l'homme à se spécialiser
dans l'humain.

Jean Fourastié, *Le Grand Espoir du XXᵉ siècle* (Gallimard)

Le vent redresse l'arbre après l'avoir penché.

Charles de Gaulle, *Le Fil de l'épée* (Plon)

Il est bon de suivre sa pente pourvu que ce soit
en montant.

André Gide, *Les Faux-Monnayeurs* (Gallimard)

Tant de mains pour transformer ce monde,
et si peu de regards pour le contempler!

Julien Gracq (Louis Poirier, dit), *Lettrines* (José Corti)

Il n'est pas marchand qui toujours gagne.

Pierre Gringore, *Notables Enseignements*, adages et proverbes

Qui veut la gloire passionnément finit par l'obtenir,
ou du moins en approche de bien près.
Mais il faut vouloir, et non pas une fois;
il faut vouloir à tous les instants.

Marie-Jean Hérault de Séchelles, *Voyage à Montbard, Visite à Buffon*

Être contesté, c'est être constaté.

Victor Hugo, *Tas de pierres* (Milieu du monde)

Avec le talent, on fait ce qu'on veut;
avec le génie, on fait ce qu'on peut.

Dominique Ingres, *Cité par Julien Green dans son Journal*

Maintenez vivante en vous la faculté de l'effort
en la soumettant chaque jour à un petit exercice
sans profit.

William James, *Principes of Psychology*, X

Ne forçons point notre talent;
nous ne ferions rien avec grâce.

Jean de La Fontaine, *Fables, l'Âne et le Petit Chien*

Patience et longueur de temps font plus
que force ni que rage.

Jean de La Fontaine, *Fables, le Lion et le Rat*

Dans tout ce que la nature opère,
elle ne fait rien brusquement.

Jean-Baptiste de Monet, chevalier de Lamarck, *Philosophie zoologique*

Le travail est partout et la souffrance partout:
seulement il y a des travaux stériles et des travaux
féconds, des souffrances infâmes et des souffrances
glorieuses.

Félicité Robert de Lamennais, *Paroles d'un croyant*

Ceux qui s'appliquent trop aux petites choses
deviennent ordinairement incapables des grandes.

Duc François de La Rochefoucauld, *Maximes*

On estime les grands desseins
lorsqu'on se sent capable des grands succès.

Comte de Lautréamont (Isidore Ducasse, dit), *Poésies*

Le travail est antérieur au capital
et indépendant de celui-ci.
Le capital n'est que le fruit du travail et n'aurait
jamais pu exister si le travail n'avait pas existé
avant lui.
Le travail est supérieur au capital et mérite
de loin plus grande considération.

Abraham Lincoln, *Adresse au Congrès*, 3 décembre 1861

En parlant de nos affaires, nous n'apprenons pas
seulement beaucoup d'autrui,
mais aussi de nous-mêmes.

Louis XIV, roi de France, *Mémoires*

Le travail n'épouvante que les âmes faibles.

Louis XIV, roi de France, *Mémoires*

Il faut se servir des gens selon leurs talents,
et compter qu'il n'y en a point de parfaits.

Françoise d'Aubigné, marquise de Maintenon, *Lettres*, 1679

S'il faut savoir avoir raison sans choquer,
il faut aussi savoir se tromper
sans commettre d'erreur.

Robert Mallet, *Apostilles* (Gallimard)

La dernière marche d'un escalier
qu'on gravit est toujours plus haute que les autres.

Paul Masson, *Le fond de la besace d'un Yoghi*

Quand on a le physique d'un emploi, on en a l'âme.

Guy de Maupassant, *Mont-Oriol*

Dans toute bataille, dans toute affaire,
il existe une occasion, parfois très fugitive,
d'être vainqueur.

André Maurois (Émile Herzog, dit),
Dialogues sur le commandement (Grasset)

Mesure tes forces d'après tes aspirations
et non tes aspirations d'après tes forces.

Adam Mickiewicz, *Chant des Philarètes*, 43-44

C'est le succès qui fait les grands hommes.

Napoléon Ier, empereur des Français,
cité par Las Cases dans le *Mémorial de Sainte-Hélène*

Les grandes idées ne viennent pas du mauvais esprit.

Gérard de Nerval (Gérard Labrunie, dit), *Sur un carnet*

La chose la plus importante à toute la vie
est le choix du métier:
le hasard en dispose.

Blaise Pascal, *Pensées*, 97

Ce qui vaut la peine d'être fait vaut la peine
d'être bien fait.

Nicolas Poussin, *Correspondance*

Il est peu et de réussites faciles, et d'échecs définitifs.

Marcel Proust, *À la recherche du temps perdu, le Temps retrouvé*

L'esprit dans les grandes affaires n'est rien
sans le cœur.

Jean-François Paul de Gondi, Cardinal de Retz, *Mémoires*

Le travail est l'aliment des âmes nobles.

Sénèque le Philosophe (Lucius Annaeus Seneca),
Lettre à Lucilius, XXXI

Prenez garde à vous: si vous continuez à être
de bonne foi, nous allons être d'accord.

Stendhal (Henri Beyle, dit), *Racine et Shakespeare*

Le plus souvent on réussit non par ce qu'on fait,
mais par ce qu'on ne fait pas.

Jules Tellier, *Œuvres*, I

Un homme sérieux a peu d'idées.
Un homme d'idées n'est jamais sérieux.

Paul Valéry, *Mauvaises pensées et autres* (Gallimard)

La vie humble aux travaux ennuyeux et faciles est une
œuvre de choix qui veut beaucoup d'amour.

Paul Verlaine, *Sagesse*, I, 8, (Messein)

Argent

L'habit d'un homme proclame ce qu'il fait,
sa démarche révèle ce qu'il est.

Ancien Testament, *Ecclésiastique*, XIX, 30

L'argent ne se souvient de rien.
Il faut le prendre quand on peut,
et le jeter par les fenêtres.
Ce qui est salissant, c'est le garder dans ses poches,
il finit toujours par sentir mauvais.

Marcel Aymé, *Le Vaurien* (Gallimard)

Pour gagner du bien, le savoir-faire vaut mieux
que le savoir.

Pierre Augustin Caron de Beaumarchais, *Le Mariage de Figaro*, v. 3

L'argent, c'est comme les femmes: pour le garder,
il faut s'en occuper un peu ou alors...
il va faire le bonheur de quelqu'un d'autre.

Édouard Bourdet, *Les Temps difficiles* (Stock)

Les succès produisent les succès,
comme l'argent produit l'argent.

Chamfort (Sébastien Roch Nicolas, dit de), *Caractères et anecdotes*

Une chose qu'on connaît bien pour l'avoir possédée,
on n'en est jamais tout à fait privé.

Sidonie Gabrielle Colette, *Le Pur et l'impur* (Calmann-Lévy)

Nous n'avions pas le sou, mais nous étions contents;
nous étions malheureux, c'était là le bon temps.

Jean-François Collin d'Harleville, *Poésies fugitives*

Tel donne à pleines mains qui n'oblige personne;
la façon de donner vaut mieux que ce qu'on donne.

Pierre Corneille, *Médée*

J'ose croire que la joie intérieure a quelque secrète
force pour se rendre la fortune plus favorable.

René Descartes, *Cogitations privatae, à Élisabeth*, 1646

Quand la bourse se rétrécit, la conscience s'élargit.

Noël Du Fail, *Contes et discours d'Eutrapel*

L'argent... est un bon serviteur et un mauvais maître.

Alexandre Dumas fils, *Préface de la Dame aux camélias*

C'est au courage que va la fortune.

Quintus Ennius, *Annales*

On se lasse d'être héros
et on ne se lasse pas d'être riche.

Bernard Le Bovier de Fontenelle, *Entretiens sur la pluralité des mondes*

La plus grande dévotion ne saurait empêcher
que les affaires soient les affaires.

Charles de Gaulle, *Mémoires de guerre*, L'Appel (Plon)

La richesse de l'homme est dans son cœur.
C'est dans son cœur qu'il est le roi du monde.
Vivre n'exige pas la possession de tant de choses.

Jean Giono, *Les Vraies Richesses* (Grasset)

L'important dans la vie ce n'est pas d'avoir de l'argent
mais que les autres en aient.

Sacha Guitry, *Le Scandale de Monte-Carlo*, I, Davegna (Stock)

Le superflu finit par priver du nécessaire.

Pierre Choderlos de Laclos, *Les Liaisons dangereuses*

L'argent est très estimable, quand on le méprise.

Charles de Secondat, baron de La Brède et de Montesquieu,
Mes pensées

Il faut compter ses richesses par les moyens
qu'on a de satisfaire ses désirs.

Abbé Antoine François Prévost,
Histoire du Chevalier Des Grieux et de Manon Lescaut

L'argent est comme un sixième sens – sans lui,
on ne peut se servir des cinq autres.

William Somerset Maugham, *Times Magazine*, octobre 1958

Les dettes qu'on diffère de payer abrègent la vie.

Charles Augustin Sainte-Beuve,
Correspondance à la comtesse Agénor de Gasparin, 1859

À gagner un beau bien on gagne une louange,
mais on en gagne mille à ne le perdre point.

Jean de Sponde, *Sonnets d'amour,* VIII

La fortune est semblable au verre;
plus elle est brillante, plus elle est fragile.

Publius Syrus, *Sentences,* 283

Je suis riche des biens dont je sais me passer.

Louis Vigée, *Épître à Ducis sur les avantages de la médiocrité*

La fortune favorise les audacieux.

Virgile (Publius Virgilus Maro), *Les Bucoliques,* X, 284

Spiritualité

Le royaume des cieux se prend par force de chaude
amour et de vive espérance,
qui vainc d'emblée la volonté divine.

Dante Alighieri, *La Divine comédie*, II, Paradiso, XX

Celui qui craint le Seigneur n'a peur de rien;
il ne tremble pas, car Dieu est son espérance.

Ancien Testament, *Ecclésiastique*, XXXIV, 14

Les cieux racontent la gloire de Dieu et l'œuvre
de ses mains, le firmament l'annonce.

Ancien Testament, *Psaumes*, XIX, 1

Faire son devoir tous les jours,
et se fier à Dieu pour le lendemain.

Charles Baudelaire, *Fusées*

Nous ne demandons pas au chrétien de ne point
violer la loi chrétienne;
nous lui demandons, s'il la viole,
de savoir qu'il la viole.

Julien Benda, *La Trahison des clercs* (Grasset)

Ce que nous appelons hasard,
c'est peut-être la logique de Dieu.

Georges Bernanos, *Dialogues des carmélites* (Le Seuil)

C'est l'univers qui doit être interrogé tout d'abord
sur l'homme et non l'homme sur l'univers.

André Breton, *Le Surréalisme et la peinture* (Gallimard)

Peut-être dans le domaine de la religion,
comme dans celui de l'amour,
est-il inévitable de recourir à des termes vagues:
tout y est vrai, pourvu qu'on y croie.

José Cabanis, *Plaisir et lectures* (Gallimard)

Le sacré est ce qui donne la vie et ce qui la ravit,
c'est la source d'où elle coule,
l'estuaire où elle se perd.

Roger Caillois, *Circonstancielles* (Gallimard)

C'est chose notoire que l'homme ne parvient jamais à la pure connaissance de soi-même jusqu'à ce qu'il ait contemplé la face de Dieu et que, du regard de celle-ci, il descende à regarder soi.

Jean Calvin, *Institution de la religion chrétienne*

N'attendez pas le Jugement dernier.
Il a lieu tous les jours.

Albert Camus, *La Chute* (Gallimard)

Nous abritons un ange que nous choquons sans cesse,
Nous devons être les gardiens de cet ange.

Jean Cocteau, *Le Rappel à l'ordre* (Stock)

Si tu n'as rien d'autre à offrir au Seigneur,
offre-lui seulement tes fardeaux et tes peines.

Daniel-Rops (Henri Petiot, dit), *Missa est* (Fayard)

Je suis comme un milieu entre Dieu et le néant.

René Descartes, *Méditations*

Dans un monde aussi incohérent,
l'existence de Dieu ne serait pas une chose plus folle
que la non-existence de Dieu.

Georges Duhamel, *Défense des lettres* (Mercure de France)

J'aimerais connaître les pensées de Dieu,
le reste n'est que du détail...

Albert Einstein, *Comment je vois le monde*

La plus sublime révélation,
c'est que Dieu est en chaque homme.

Ralph Waldo Emerson, *Journals*, 1833

À brebis tondue Dieu mesure le vent.

Henri Estienne, *Les Prémices*

L'homme ne vit pas seulement de pain,
mais de toute parole qui sort de la bouche de Dieu.

Évangile selon saint Marc, IV, 3-4

Toutes les religions se valent et sont également
bonnes si les gens qui les professent
sont d'honnêtes gens.

Frédéric II Le Grand, roi de Prusse,
Réponse à une question du directeur des cultes, 1740

Dieu préfère toujours la clémence à la justice.

Robert Garnier, *Les Juives*

L'homme est plus intéressant que les hommes;
c'est lui et non pas eux que Dieu a fait à son image.
Chacun est plus précieux que tous.

André Gide, *Journal* (Gallimard)

Tout ce qui n'est pas Dieu n'est rien,
et doit n'être compté pour rien.

Geert Groote (Gérard le Grand, dit),
L'imitation de Jésus-Christ

Quand on voudra s'occuper utilement du bonheur
des hommes, c'est par les Dieux du ciel
que la réforme doit commencer.

Holbach (Paul Henri Dietrich, baron d'), *Système de la nature*

La conscience de l'homme, c'est la pensée de Dieu.

Victor Hugo, *Les Châtiments*, Préface

Vous avez fait, mon Dieu, la vie et la clémence;
et chacun de vos pas est marqué par un don.
C'est à votre regard que tout amour commence,
vous écrivez: Douleur, un ange lut: Pardon.

Victor Hugo, *Les Tables tournantes de Jersey*

En ce siècle, Dieu s'est pour ainsi dire élargi,
il a quitté la terre et les humains;
ou plutôt nous avons donné à Dieu
des possibilités infinies.

Pierre Jean Jouve, *Paulina 1880* (Mercure de France)

Si Dieu a fait un monde d'amour,
vous êtes faits pour le retrouver.

Patrice de La Tour du Pin, *Une somme de poésie* (Gallimard)

C'est le cœur qui sent Dieu, et non la raison.
Voilà ce que c'est que la foi:
Dieu sensible au cœur, non à la raison.

Blaise Pascal, *Pensées*, 278

Dieu laisse-t-il jamais ses enfants au besoin?
Aux petits des oiseaux il donne leur pâture,
et sa bonté s'étend sur toute la nature.

Jean Racine, *Athalie*, II, 7, Joas

Je ne cherche pas à comprendre pour croire,
mais je crois pour comprendre.

Saint Anselme de Cantorbéry, *Proslogion*, I

Crois et tu comprendras; la foi précède,
l'intelligence suit.

Saint Augustin, *Sermons*, 118, 1

Que m'importe que Dieu n'existe pas.
Dieu donne à l'homme de la divinité.

Antoine de Saint-Exupéry, *Carnets* (Gallimard)

Ne rien vouloir et ne rien chercher d'autre, sinon,
en toutes choses et par tous les moyens, une plus
grande louange et gloire de Dieu Notre-Seigneur.

Saint Ignace de Loyaulo, *Exercices spirituels*, 89

L'homme est un être chargé de continuer Dieu où
Dieu ne se fait plus connaître par lui-même.

Louis Claude de Saint-Martin, *Le Ministère de l'homme-esprit*

Notre âme en tant qu'elle perçoit les choses d'une
façon vraie, est une partie de l'intelligence infinie
de Dieu.

Baruch Spinoza, *L'Éthique*, Livre II

Le bien suprême de l'âme est la connaissance
de Dieu;
et la vertu suprême de l'âme, c'est connaître Dieu.

Baruch Spinoza, *L'Éthique*, Livre III

L'Évolution, en découvrant un sommet au Monde,
rend le Christ possible, tout comme le Christ,
en donnant un sens au Monde,
rend possible l'Évolution.

R. P. Pierre Teilhard de Chardin, *Comment je crois* (Le Seuil)

Prie pour mon âme.
La prière a un plus grand pouvoir
que les hommes ne l'imaginent.

Lord Alfred Tennyson, *Les Idylles du roi*

Aimer d'un amour humain, c'est pouvoir passer
de l'amour à la haine,
tandis que l'amour divin est immuable.

Lev Nikolaïevitch Tolstoï, *Guerre et Paix*, livre III, 3e partie, 32

La vie, la vie...

Réflexions sur des choses et d'autres

Certes, les pauvres ne disparaîtront point de ce pays;
aussi je te donne ce commandement:
tu dois ouvrir ta main à ton frère,
à celui qui est humilié et pauvre dans ton pays.

Ancien Testament, *Deutéronome*, XV, 11

Je trouverai ma joie à leur faire du bien.

Ancien Testament, *Jérémie*, XXXII, 41

Faites-vous des semailles de justice,
moissonnez une récolte de bonté.

Ancien Testament, *Osée*, X, 12

Il n'y a pas de mal à être né dans une basse-cour
lorsqu'on sort d'un œuf de cygne.

Hans Christian Andersen, *Contes, le Vilain Petit Canard*

À qui sait comprendre, peu de mots suffisent.

Anonyme

La joie venait toujours après la peine.

Guillaume Apollinaire, *Alcools, le Pont Mirabeau*

J'ai réinventé le passé pour voir la beauté de l'avenir.

Louis Aragon, *Le Fou d'Elsa* (Gallimard)

Reste devant la porte si tu veux qu'on te l'ouvre.
Ne quitte pas la voie si tu veux qu'on te guide.
Rien n'est fermé jamais, sinon à tes propres yeux.

Farid al-din Attär

La vie est faite d'illusions.
Parmi ces illusions, certaines réussissent.
Ce sont elles qui constituent la réalité.

Jacques Audiberti, *L'Effet Glapion* (Gallimard)

Fais que chaque heure de ta vie soit belle.
Le moindre geste est un souvenir futur.

Claude Aveline, *Avec toi-même, etc.* (Mercure de France)

La parole ne représente parfois qu'une manière,
plus adroite que le silence, de se taire.

Simone de Beauvoir, *La Force de l'âge* (Gallimard)

Demain ne sera pas comme hier,
il sera nouveau et il dépendra de nous.
Il est moins à découvrir qu'à inventer.

Gaston Berger, *Phénoménologie du temps et prospective* (P.U.F.)

On peut être héros sans ravager la terre.

Boileau-Despréaux (Nicolas Boileau, dit), *Épîtres*

Le silence est comme l'ébauche
de mille métamorphoses.

Charles Bonnet, *Essai analytique sur les facultés de l'âme*

Il arrive que les grandes décisions ne se prennent pas,
mais se forment d'elles-mêmes.

Henri Bosco, *Malicroix* (Gallimard)

La vraie noblesse s'acquiert en vivant,
et non pas en naissant.

Guillaume Bouchet, *Les Sérées*

Il faut aussi rêver sa révolution,
pas seulement la construire.

Pierre Boulez, *Relevés d'apprenti* (Le Seuil)

Il faut vivre comme on pense,
sinon tôt ou tard on finit par penser
comme on a vécu.

Pierre Bourget, *Le Démon de Midi* (Plon)

Le plus beau présent de la vie est la liberté qu'elle
vous laisse d'en sortir à votre heure.

André Breton, *Introduction à Jacques Rigaut*
dans *Anthologie de l'humour noir* (Pauvert)

L'homme propose et dispose.
Il ne tient qu'à lui de s'appartenir tout entier.

André Breton, *Manifeste du surréalisme* (Pauvert)

Nul homme ne peut justement en censurer ou en
condamner un autre, car, à la vérité,
nul homme n'en connaît vraiment un autre.

Sir Thomas Browne, *Religio Medici*, II, 4

La vérité est en nous, elle ne vient point du dehors.

Robert Browning, *Paracelse*, I

Ce que je peux faire,
ce n'est pas ce que me dit un homme de loi;
mais ce que l'humanité, la raison et la justice
me disent que je devrais faire.

Edmund Burke, *Resolutions for Conciliation with America*, 1775

L'optimiste proclame que nous vivons
dans le meilleur de tous les mondes possibles,
et le pessimiste craint que ce ne soit vrai.

James Branch Cabell, *The Silver Station*, XXVI

Ma vie est difficile parce que j'ai horreur
du mensonge.

Henri Calet, *Peau d'ours* (Gallimard)

Chaque homme est une histoire qui n'est identique
à aucune autre.

Alexis Carrel, *L'Homme, cet inconnu* (Plon)

Il existe dans l'étendue illimitée de l'avenir
des réponses qui ne répondent à aucune question.

Jean Cassou, *Dernières pensées d'un amoureux* (Albin Michel)

C'est bien plus souvent dans les petites choses que
dans les grandes que l'on connaît les gens courageux.

Baldassarre Castiglione, *Il Cortegiano*, I, 17

C'est dans ce que les hommes ont de plus commun
qu'ils se différencient le plus.

Blaise Cendrars (Frédéric Sauser, dit), *Aujourd'hui* (Grasset)

Dans les grandes choses, les hommes se montrent
comme il leur convient de se montrer;
dans les petites choses, ils se montrent
comme ils sont.

Chamfort (Sébastien Roch Nicolas, dit de), *Caractères et anecdotes*

La plus perdue de toutes les journées est celle
où l'on n'a pas ri.

Chamfort (Sébastien Roch Nicolas, dit de), *Caractères et anecdotes*

La dernière illusion est de croire
qu'on les a toutes perdues.

Maurice Chapelan, *Main courante* (Grasset)

L'homme cherche en lui-même ce qu'il ne trouve pas
dans les autres, et cherche chez les autres
ce qu'il y a trop en lui.

Malcolm de Chazal, *Sens plastique* (Gallimard)

Nous faisons nos amis, nous faisons nos ennemis;
mais Dieu fait notre voisin.

Gilbert Keith Chesterton, *Heretics*, XIV

Si la destinée ne nous aide pas, nous l'aiderons
nous-mêmes à se réaliser.

Chosroès Ier le Grand roi de Perse, *Mémoires*

Le bonheur n'est pas le but mais le moyen de la vie.

Paul Claudel, *Journal* (Gallimard)

L'arbre mort fait encore une bonne charpente.

Paul Claudel, *L'Otage*, II, 1, Sygne (Gallimard)

L'homme absurde est celui qui ne change jamais.

Georges Clemenceau, *Discours de guerre* (Plon)

Le tact dans l'audace, c'est de savoir jusqu'où
on peut aller trop loin.

Jean Cocteau, *Le Rappel à l'ordre* (Stock)

L'homme sage n'est pas comme un vase ou un
instrument qui n'a qu'un usage; il est apte à tout.

Confucius, *Entretiens*, I, 2 (traduction S. Couvreur)

Le sage ne s'afflige pas de ce que les hommes
ne le connaissent pas;
il s'afflige de ne pas connaître les hommes.

Confucius, *Entretiens*, I, 1 (traduction S. Couvreur)

Une bonne parole est comme un bon arbre
dont la racine est solide et dont les branches

vont jusqu'au ciel.
Il donne ses fruits en chaque saison.

Coran, XIX, 29-30

On va d'un pas plus ferme à suivre qu'à conduire.

Pierre Corneille, *Imitation de Jésus-Christ*, I, ch. IX, traductions

Quarante années durant, j'ai vu.
Aujourd'hui, je regarde.

Pierre Daninos, *Les Carnets du Major W. Marmaduke Thompson*
(Hachette)

La haine, c'est la colère des faibles.

Alphonse Daudet, *Lettres de mon moulin* (Fasquelle)

La liberté consiste à pouvoir faire tout ce qui ne nuit
pas à autrui...

Déclaration des droits de l'homme et du citoyen, Article IV

La vraie grandeur consiste à être maître de soi-même.

Daniel Defoe, *Robinson Crusoe*, II

Il ne nous manque qu'un petit rien pour être libres,
aussi libres que les oiseaux: rien qu'un peu de temps.

Richard Dehmel, *L'Ouvrier*

Ce n'est pas assez d'avoir l'esprit bon,
mais le principal est de l'appliquer bien.

René Descartes, *Discours de la méthode*

Si nous ne dormons pas, c'est pour guetter l'aurore
qui prouvera qu'enfin nous vivons au présent.

Robert Desnos, *État de veille* (Robert-J. Godet)

Il y a peut-être des lieux où l'on se trouve
soudain comme dans le ciel.

André Dhôtel, *Mémoires de Sébastien* (Grasset)

Dire que l'homme est un composé de force
et de faiblesse, de lumière et d'aveuglement,
de petitesse et de grandeur,
ce n'est pas lui faire son procès, c'est le définir.

Denis Diderot, *Addition aux Pensées philosophiques*

Aucun homme n'est une île, complet en soi-même ;
chaque humain est une partie du continent,
une partie du tout.

John Donne, *Devotions*, 17

Les fous ouvrent les voies qu'empruntent
ensuite les sages.

Carlo Dossi, *Note Azzurre*, 4971

Lorsque vous avez éliminé l'impossible, ce qui reste,
si improbable soit-il, est nécessairement la vérité.

Sir Arthur Conan Doyle, *Le Signe des quatre*, 6

Nous saurons qui nous sommes quand nous verrons
ce que nous avons fait.

Pierre Drieu La Rochelle, *Le Chef* (Gallimard)

Il s'agit à tout moment de sacrifier ce que nous
sommes à ce que nous pouvons devenir.

Charles Du Bos, *Approximations* (le Rouge et le Noir)

Il y a toujours du courage
à dire ce que tout le monde pense.

Georges Duhamel, *Le Combat contre les ombres* (Mercure de France)

Un rêve sans étoiles est un rêve oublié.

Paul Éluard (Eugène Grindel, dit),
152 Proverbes mis au goût du jour (Éditions surréalistes)

Nous avons inventé autrui comme autrui nous a
inventé, nous avions beaucoup d'un de l'autre.

Paul Éluard (Eugène Grindel, dit),
Le Visage de la Paix (Éditeurs français réunis)

La plus belle chose que nous puissions éprouver,
c'est le mystère des choses.

Albert Einstein, *Comment je vois le monde*

J'aimerais connaître les pensées de Dieu,
le reste n'est que du détail...

Albert Einstein, *Comment je vois le monde*

Cessez de juger sur l'apparence. Jugez avec équité.

Évangile selon saint Jean, VII, 24

Ne vous inquiétez donc pas du lendemain:
demain s'inquiétera de lui-même.
À chaque jour suffit sa peine.

Évangile selon saint Matthieu, VI, 34

Tout finit afin que tout recommence,
tout meurt afin que tout vive.

Jean Henri Fabre, *Souvenirs entomologiques* (Delagrave)

Si terrible que soit la vie, l'existence de l'activité
créatrice sans autre but qu'elle-même
suffit à la justifier.

Élie Faure, *L'Esprit des formes* (Pauvert)

Une couronne d'épines, ce n'est qu'une couronne
de roses d'où les roses sont tombées.

Robert de Flers et Gaston Arman de Caillavet

Arriver haletant, se coucher, s'endormir;
on appelle cela naître, vivre et mourir.

Jean-Pierre Claris de Florian, *Fables, Le Voyage*

115

Il n'y a pas d'homme cultivé, il n'y a que des hommes
qui se cultivent.

Maréchal Ferdinand Foch

Il est vrai qu'on ne peut trouver la pierre
philosophale, mais il est bon qu'on la cherche.

Bernard Le Bovier de Fontenelle, *Dialogues des morts*

Il faut ne donner que la moitié de son esprit aux
choses... que l'on croit, et en réserver une autre
moitié libre où le contraire puisse être admis
s'il en est besoin.

Bernard Le Bovier de Fontenelle, *Entretiens sur la pluralité des mondes*

Celui qui se contredit a plus de chances qu'un autre
d'exprimer quelquefois du vrai, s'il en est au monde.

Anatole France (Anatole François Thibault, dit)
Discours, au banquet des Rabelaisants, 1912

Tout est pour tous puisque rien ne reste à aucun.

André Frenaud, *Il n'y a pas de paradis* (Gallimard)

Je me suis mis d'accord avec moi-même,
ce qui est bien la plus grande victoire
que nous puissions remporter sur l'impossible.

Eugène Fromentin, *Dominique*

L'autorité ne va pas sans prestige,
ni le prestige sans éloignement.

Charles de Gaulle, *Le Fil de l'épée* (Plon)

La fin de l'espoir est le commencement de la mort.

Charles de Gaulle, *Propos recueillis par Malraux*
dans *Les chênes qu'on abat* (Gallimard)

La liberté n'est pas au commencement mais à la fin.
La liberté cst le fruit du bon ordre.

Pierre Gaxotte, *Thèmes et variations, Propos sur la liberté* (Fayard)

Heureux et libre est celui qui ose dire non !

Peter Augustus De Genestet, *Individualités*

117

On appelle «bonheur» un concours de circonstances
qui permette la joie. Mais on appelle joie cet état de
l'être qui n'a besoin de rien pour se sentir heureux.

André Gide, *Divers* (Gallimard)

Il n'y a pas de problème; il n'y a que des solutions.
L'esprit de l'homme invente ensuite le problème.

André Gide, *Journal* (Gallimard)

Ici et aujourd'hui commence une ère nouvelle
de l'histoire du monde,
et vous pourrez dire que vous y avez assisté.

William Ewart Gladstone, *La Campagne de France*

Croire à ce qui mérite d'être cru
pour ne pas croire le reste.

Comte Joseph Arthur de Gobineau

L'histoire est un roman qui a été, le roman est
de l'histoire qui aurait pu être.

Edmond et Jules de Goncourt, *Journal* (Fasquelle)

Pour expliquer un brin de paille,
il faut démonter tout l'univers.

Remy de Gourmont, *Le Chemin de velours* (Mercure de France)

Notre vie est un livre qui s'écrit tout seul.
Nous sommes des personnages de roman qui ne
comprennent pas toujours bien ce que veut l'auteur.

Julien Green, *Journal* (Plon)

L'homme, quoi qu'on dise,
est le maître de son destin.
De ce qu'on lui a donné, il peut toujours
faire quelque chose.

Jean Grenier, *Inspirations méditerranéennes* (Gallimard)

La paix n'est pas comparable à un objet précieux
qui nous appartient.
Il faut toujours la conquérir.

Nordahl Grieg, *La Défaite*

Quitte tout et tu retrouveras tout;
renonce à tes désirs et tu trouveras le repos.

Geert Groote (Gérard le Grand, dit),
L'Imitation de Jésus-Christ, III, 32, 4

Qui livre un plus rude combat que celui qui s'efforce
de se vaincre soi-même?

Geert Groote (Gérard le Grand, dit), *L'Imitation de Jésus-Christ*, II, 18

Nous vivons une vie, nous en rêvons une autre,
mais celle que nous rêvons est la vraie.

Jean Guéhenno, *Changer la vie* (Grasset)

En vérité, tu ne sais rien de la sagesse,
tant que tu n'as pas fait l'expérience des ténèbres.

Hermann Hesse, *Maler Freude*

Si le rire répond au rire sur le visage des hommes,
les larmes aussi y trouvent de la sympathie.

Horace (Quintus Horatius Flaccus), *Art poétique*, 101-102

Cueille le jour présent,
en te fiant le moins possible au lendemain.

Horace (Quintus Horatius Flaccus), *Art poétique*, I, XI, 8

La résignation allège tous les maux sans remède.

Horace (Quintus Horatius Flaccus), *Art poétique*, I, XXIV, 19

On ne se compose pas plus une sagesse en
introduisant dans sa pensée les divers résidus
de toutes les philosophies humaines qu'on ne se
ferait une santé en avalant tous les fonds de bouteille
d'une vieille pharmacie.

Victor Hugo, *Tas de pierres* (Milieu du monde)

La vérité est comme le soleil.
Elle fait tout voir et ne se laisse pas regarder.

Victor Hugo, *Tas de pierres* (Milieu du monde)

Chercher le bonheur dans cette vie,
c'est là le véritable esprit de rébellion.

Henrik Ibsen, *Les Revenants*, I

Penser contre son temps, c'est de l'héroïsme.
Mais le dire, c'est de la folie.

Eugène Ionesco, *Tueur sans gages* (Gallimard)

C'est par la force de l'illusion que les hommes
deviennent des héros.

Panaït Istrati, *Oncle Anghel* (Rieder)

Nous allons prendre conseil de notre conscience.
Elle est là, dans cette valise,
toute couverte de toiles d'araignée.
On voit bien qu'elle ne nous sert pas souvent.

Alfred Jarry, *Ubu cocu*, 1, 4, Père Ubu (Fasquelle)

Il y a des esprits qui vont à l'erreur
par toutes les vérités;
il en est de plus heureux qui vont aux grandes vérités
par toutes les erreurs.

Joseph Joubert, *Carnets*

Comme rien n'est plus précieux que le temps,
il n'y a pas de plus grande générosité
qu'à le perdre sans compter.

Marcel Jouhandeau, *Journaliers* (Gallimard)

Une erreur ne devient une faute que lorsqu'on
ne veut pas en démordre.

Emst Jünger, *Sur les falaises de marbre*

Je prends ce que je peux prendre d'éternité.

Dezsö Kosztolanyi

Il y a des circonstances où le mensonge est le plus
saint des devoirs.

Eugène Labiche, *Les Vivacités du capitaine Tic*

Il faut rire avant que d'être heureux,
de peur de mourir sans avoir ri.

Jean de La Bruyère, *Les Caractères*

Du cœur on ne peut pas partir de l'infini,
on peut y aller.

Jules Lachelier, *Conversation avec Rouglé* (Alcan)

Toutes mes résolutions sont inutiles;
je pensais hier tout ce que je pense aujourd'hui
et je fais aujourd'hui le contraire
de ce que je résolus hier.

La Fayette (M.-M. Pioche de la Vergne, comtesse de),
La Princesse de Clèves

Garde-toi, tant que tu vivras, de juger des gens
sur la mine.

Jean de La Fontaine, *Fables, le Cochet, le Chat et le Souriceau*

On rencontre sa destinée souvent par des chemins
qu'on prend pour l'éviter.

Jean de La Fontaine, *Fables, l'Horoscope*

L'être humain a besoin d'être flatté,
sinon il ne devient pas ce qu'il est destiné à devenir,
pas même à ses propres yeux.

Pär Lagerkvist, *Le Nain*

Borné dans sa nature, infini dans ses vœux,
l'homme est un dieu tombé qui se souvient des cieux.

Alphonse de Lamartine, *Premières Méditations*, l'Homme

La pensée ne s'achève que lorsqu'elle a trouvé
son expression.

Gustave Lanson, *Histoire de la littérature française* (Hachette)

L'espérance, toute trompeuse qu'elle est,
sert au moins à nous mener à la fin de la vie
par un chemin agréable.

Duc François de La Rochefoucauld, *Maximes*

Tout homme est une histoire sacrée.

Patrice de La Tour du Pin, *Une somme de poésie* (Gallimard)

Nous sommes libres de faire le bien...,
nous ne sommes pas libres de faire le mal.

Comte de Lautréamont (Isidore Ducasse, dit), *Poésies*

Ce n'est pas avec la raison, et c'est le plus souvent
contre elle, que s'édifient les croyances capables
d'ébranler le monde.

Gustave Le Bon, *Hier et demain* (Flammarion)

Il n'existe pas d'autre voie vers la solidarité humaine
que la recherche et le respect de la dignité
individuelle.

Pierre Lecomtc du Noüy, *L'Homme et sa destinée* (La Colombe)

La tolérance est la charité de l'intelligence.

Jules Lemaître

Il n'y a que le malheur qui soit vieux;
il n'y a que la passion qui soit raisonnable.

Julie de Lespinasse, *Lettres à M. de Guibert*

Il n'est pas vrai que la ligne droite soit toujours
le plus court chemin.

Gotthold Ephraïm Lessing, *Éducation du genre humain*

Malheur aux gens qui n'ont jamais tort;
ils n'ont jamais raison.

Prince Charles-Joseph de Ligne, *Mes écarts*

Celui qui veut faire un emploi sérieux de la vie doit
toujours agir comme s'il avait à vivre longuement et
se régler comme s'il lui fallait mourir prochainement.

Émile Littré, *Dictionnaire de la langue française*

La nécessité de rechercher le véritable bonheur
est le fondement de notre liberté.

John Locke, *Essai sur l'entendement humain*

L'artifice se dément toujours, et ne produit pas longtemps les mêmes effets que la vérité.

Louis XIV, roi de France, *Mémoires*

L'arbre est né pour se rompre et non pour se plier.

Pierre Lous (Pierre Louis, dit), *Poèmes* (Crès)

Quand on possède le goût des gens exceptionnels, on finit toujours par en rencontrer partout.

Pierre Mac Orlan (Pierre Dumarchais, dit),
Le Bal du pont du Nord (Gallimard)

Une vertu n'est qu'un vice qui s'élève
au lieu de s'abaisser;
et une qualité n'est qu'un défaut
qui sait se rendre utile.

Maurice Maeterlinck, *Le Double Jardin* (Fasquelle)

L'intelligence est la faculté à l'aide de laquelle
nous comprenons finalement que tout
est incompréhensible.

Maurice Maeterlinck, *La Vie des termites* (Fasquelle)

La loi juste n'est point celle qui a son effet sur tous,
mais celle qui est faite pour tous.

Joseph de Maistre, *Les Soirées de Saint-Pétersbourg*

Le plaisir es toujours un bien,
et la douleur toujours un mal;
mais il n'est pas toujours avantageux de jouir
du plaisir, et il est quelquefois avantageux de souffrir
la douleur.

Nicolas de Malebranche, *De la recherche de la vérité*

Ce n'est pas l'impossible qui désespère le plus,
mais le possible non atteint.

Robert Maller, *Apostilles* (Gallimard)

Une culture ne meurt que de sa propre faiblesse.

André Malraux, *La Tentation de l'Occident* (Grasset)

On ne devient pas un autre homme.
Mais, en nous et autour de nous, tout change.

Félicien Marceau, *Les Années courtes* (Gallimard)

Il n'y a rien que l'homme désire tant
qu'une vie héroïque;
il n'y a rien de moins ordinaire à l'homme
que l'héroïsme.

Jacques Maritain, *Humanisme intégral* (Aubier)

Tous les hommes sont faits du même limon,
mais pas du même souffle.

Raïssa Maritain, cité par Jacques Maritain dans *Carnet de notes*, 1905

Il faut avoir bien du jugement pour sentir
que nous n'en avons point.

Pierre Carlet de Chamblain de Marivaux

La pensée ne commence qu'avec le doute.

Roger Martin du Gard, *Correspondance avec A. Gide* (Gallimard)

Si l'on ne fait pas le bien par goût naturel,
que ce soit par désespoir;
ou du moins pour ne pas faire le mal.

Roger Martin du Gard, *Les Thibault, la Mort du père*

De toutes les passions, la seule vraiment respectable
me paraît être la gourmandise.

Guy de Maupassant, *Amoureux et primeurs*

Chaque homme est une humanité,
une histoire universelle...

Jules Michelet, *Histoire de France*, tome II, livre VIII, 1

La liberté consiste à faire ce que l'on désire.

John Stuart Mill, *Sur la Liberté*, 2

Si ce n'est aujourd'hui, ce sera demain:
rappelons-nous que la patience est le pilier
de la sagesse.

Frédéric Mistral, *Les Olivades*

Le gain de notre étude,
c'est en être devenu meilleur et plus sage.

Michel Eyquem, seigneur de Montaigne, *Essais*, I, 26

Il ne faut prêter à autrui et ne se donner
qu'à soi-même.

Michel Eyquem, seigneur de Montaigne, *Essais*, III, 10

La vraie liberté, c'est de pouvoir toute chose sur soi.

Michel Eyquem, seigneur de Montaigne, *Essais*, III, 12

La liberté est le droit de faire tout
ce que les lois permettent.

Charles de Secondat, baron de La Brède et de Montesquieu, *De
l'esprit des lois*

Tous les hommes ne sont pas capables de grandes
choses, mais tous sont sensibles aux grandes choses.

Alfred de Musset, *Lorenzaccio*, V, 2, Philippe

«Connais-toi toi-même», voilà toute la science.
C'est seulement quand la connaissance des choses
sera achevée que l'homme se connaîtra lui-même.
Car les choses ne sont que les limites de l'homme.

Friedrich Nietzsche, *L'Aurore*

Entre la foi et l'incrédulité, un souffle;
entre la certitude et le doute, un souffle;
sois joyeux dans ce souffle présent où tu vis,
car la vie elle-même est dans le souffle qui passe.

Omarkhayyäm, *Rubâ'lyyât*, 130

La vie passe, rapide caravane!
Arrête ta monture et cherche à être heureux.

Omarkhayyäm, *Rubâ'lyyât*, 71

Une indifférence paisible est la plus sage des vertus.

Évariste Désiré de Parny, *Élégies*

Il est bien plus beau de savoir quelque chose de tout
que de savoir tout d'une chose; cette universalité
est la plus belle.

Blaise Pascal, *Pensées*, 37

Il peut être parfois plus honnête de mentir
que de dire la vérité.

Toivo Pekkanen, *À l'ombre de l'usine*

À force d'interroger l'homme,
on attend la réponse de Dieu.

Henri Petit, *Le Bonheur* (Grasset)

Plus on sait, plus on doute.

Pie II

Il ne faut cesser de s'enfoncer dans sa nuit:
c'est alors que brusquement la lumière se fait.

Francis Ponge, *Pour un Malherbe* (Gallimard)

Quand on est encore ce que l'on est,
on est déjà ce que l'on sera.

Georges Poulet, *La Distance intérieure*

L'être humain n'a jamais le temps d'être,
il n'a jamais le temps que de devenir.

Georges Poulet, *Mesure de l'instant*, Fénelon (Plon)

La liberté de chacun rencontrant dans la liberté
d'autrui, non plus une limite mais un auxiliaire,

l'homme le plus libre est celui qui a le plus
de relations avec ses semblables.

Pierre Joseph Proudhon, *De la Justice dans la révolution et dans L'Église*

Nous sommes tous obligés, pour rendre la réalité
supportable, d'entretenir en nous quelques
petites folies.

Marcel Proust, *À la recherche du temps perdu,*
À l'ombre des jeunes filles en fleurs (Gallimard)

On ne reçoit pas la sagesse, il faut la découvrir
soi-même, après un trajet que personne
ne peut faire pour nous, ne peut nous épargner.

Marcel Proust, *À la recherche du temps perdu,*
À l'ombre des jeunes filles en fleurs (Gallimard)

Quand on travaille pour plaire aux autres on peut
ne pas réussir, mais les choses qu'on a faites
pour se contenter soi-même ont toujours chance
d'intéresser quelqu'un.

Marcel Proust, *Pastiches et Mélanges* (Gallimard)

Mon unique espérance est dans mon désespoir.

Jean Racine, *Bajazet*, I, 4, Atalide

Ce n'est pas dans la nouveauté, c'est dans l'habitude
que nous trouvons les plus grands plaisirs.

Raymond Radiguet, *Le Diable au corps* (Grasset)

La vérité sera un jour la force.
«Savoir, c'est pouvoir» est le plus beau mot
qu'on ait dit.

Ernest Renan, *Dialogues et fragments philosophiques*, III, Rêves

La vérité vaut bien qu'on passe quelques années
sans la trouver.

Jules Renard, *Journal*, 7 février 1901

Savoir se fier est une qualité très rare, et qui marque
autant un esprit élevé au-dessus du commun.

Jean-François Paul de Gondi, Cardinal de Retz, *Mémoires*

Il est bon d'être seul, parce que la solitude
est difficile.
Qu'une chose soit difficile doit nous être une raison
de plus pour l'entreprendre.

Rainer Maria Rilke, *Lettre à un jeune poète*, 14 mai 1904

La liberté, pour l'homme, consiste à faire ce qu'il veut dans ce qu'il peut, comme sa raison consiste à ne pas vouloir tout ce qu'il peut.

Comte de Rivarol (Antoine Rivarol, dit), *Discours sur l'homme intellectuel et moral*

La sincérité est un perpétuel effort pour créer son âme telle qu'elle est.

Jacques Rivière, *De la sincérité envers soi-même* (Gallimard)

Vivez, si m'en croyez, n'attendez à demain. Cueillez dès aujourd'hui les roses de la vie.

Pierre de Ronsard, *Sonnets pour Hélène*

C'est la nuit qu'il est beau de croire à la lumière.

Edmond Rostand, *Chantecler*, II, 3 (Fasquelle)

La grandeur, pour se faire reconnaître, doit souvent consentir à imiter la grandeur.

Jean Rostand, *Pensées d'un biologiste* (Stock)

L'espèce de bonheur qu'il me faut, ce n'est pas tant
de faire ce que je veux que de ne pas faire
ce que je ne veux pas.

Jean-Jacques Rousseau, *Correspondance à M. de Mallesherbes*

Si c'est la raison qui fait l'homme,
c'est le sentiment qui le conduit.

Jean-Jacques Rousseau, *Émile ou de l'éducation*

Plus on fait de choses,
plus on a de temps pour en faire.
Moins on en fait, moins on en a:
les oisifs n'ont jamais une minute à eux.

Maurice Sachs, *Derrière cinq barreaux* (Gallimard)

L'insouciance est le seul sentiment qui puisse inspirer
notre vie et ne pas disposer d'arguments
pour se défendre.

Françoise Sagan (Françoise Quoirez, dite) *Bonjour tristesse* (Julliard)

L'illumination n'est que la vision soudaine, par
l'Esprit, d'une route lentement préparée.

Antoine de Saint-Exupéry, *Pilote de guerre* (Gallimard)

Une fois pris dans l'événement,
les hommes ne s'en effraient plus.
Seul l'inconnu épouvante les hommes.

Antoine de Saint-Exupéry, *Terre des hommes* (Gallimard)

Je chemine toujours le long d'une ligne droite,
naturellement, quelquefois je change de ligne droite.

Armand Salacrou, *Histoire de rire* (Gallimard)

Notre existence est l'addition de journées
qui s'appellent toutes aujourd'hui...
Une seule journée s'appelle demain:
celle que nous ne connaîtrons pas.

Armand Salacrou, *La terre est ronde* (Gallimard)

On n'a pas encore découvert ce langage qui pourrait
exprimer d'un seul coup ce qu'on perçoit
en un clin d'œil.

Nathalie Sarraute, *Le Planétarium* (Gallimard)

Chaque homme doit inventer son chemin.

Jean-Paul Sartre, *Les Mouches* (Gallimard)

L'important n'est pas ce qu'on fait de nous,
mais ce que nous faisons nous-même de
ce qu'on a fait de nous.

Jean-Paul Sartre, *Saint-Genet, comédien et martyr* (Gallimard)

Ce n'est pas dans je ne sais quelle retraite
que nous nous découvrirons:
c'est sur la route, dans la ville, au milieu de la foule,
chose parmi les choses, homme parmi les hommes.

Jean-Paul Sartre, *Situations,* I (Gallimard)

On ne fait pas ce qu'on veut et cependant
on est responsable de ce qu'on est.

Jean-Paul Sartre, *Situations,* II (Gallimard)

Rien n'est bon ni mauvais en soi,
tout dépend de ce que l'on pense.

William Shakespeare, *Hamlet,* II, 2, Hamlet

Homme, deviens essentiel: quand le monde passera,
ce qui est du hasard tombera; l'essence restera.

Angelus Silesius (Johannes Scheffler, dit), *Le Pèlerin chérubinique*

L'homme libre ne pense à rien moins qu'à la mort,
et sa sagesse est une méditation, non de la mort,
mais de la vie.

Baruch Spinoza, *L'Éthique*, Livre IV

Être ce que nous sommes et devenir ce que nous
sommes capables de devenir, tel est le seul but
de la vie.

Robert Louis Balfour Stevenson,
Études familières sur les hommes et les livres

Chacun a les émotions qu'il mérite.

André Suarès, *Gœthe, le grand Européen*

Un renard change de poil, non de caractère.

Suétone (Caius Suetonius Tranquillus), *Vespasien*, XVI

Ne juge pas ton prochain avant de te trouver
à sa place.

Talmud, Abot, II, 4

Rien ne vaut la peine d'être trouvé que ce qui n'a
jamais existé encore.

R. P. Pierre Teilhard de Chardin, *La Vision du passé* (Le Seuil)

Ce qu'un homme pense de lui-même,
voilà ce qui règle ou plutôt indique son destin.

Henry David Thoreau, *Walden Economy*

On n'est pas tombé d'accord encore si le génie
est la perfection de ce qui va mourir,
ou la singularité de ce qui va naître.

Paul-Jean Toulet, *Les Contrerimes* (Émile-Paul)

Toujours et jamais, c'est aussi long l'un que l'autre.

Elsa Triolet, *Proverbes d'Elsa* (Éditeurs français réunis)

Les hommes naissent égaux, sinon ils le deviennent...

Desmond Tutu

L'homme est absurde par ce qu'il cherche,
grand par ce qu'il trouve.

Paul Valéry, *Moralités* (Gallimard)

Les hommes se distinguent par ce qu'ils montrent
et se ressemblent par ce qu'ils cachent.

Paul Valéry, *Suite* (Gallimard)

Les grandes pensées viennent du cœur.

Luc de Clapiers, marquis de Vauvenargues, *Réflexions et maximes*

Pour exécuter de grandes choses,
il faut vivre comme si on ne devait jamais mourir.

Luc de Clapiers, marquis de Vauvenargues, *Réflexions et maximes*

L'espérance est la plus grande de nos folies.

Alfred de Vigny, *Stello*

L'idée juste est dans le monde,
donc le juste est une réalité.

Alexandre Rodolphe Vinet, *Philosophie et morale sociale*

La grande affaire et la seule qu'on doive avoir,
c'est de vivre heureux.

Voltaire (François Marie Arouet, dit),
Correspondance à Mme la présidente de Bernière

Le plus sûr est donc de n'être sûr de rien.

Voltaire (François Marie Arouet, dit), *Singularités de la nature*

Les paroles sont aux pensées
ce que l'or est aux diamants:
il est nécessaire pour les mettre en œuvre,
mais il en faut peu.

Voltaire (François Marie Arouet, dit), *Le Sottisier*

Toutes les fois qu'on fait vraiment attention,
on détruit du mal en soi.

Simone Weil, *Attente de Dieu* (Fayard)

Il n'est pas difficile de nourrir des pensées admirables
lorsque les étoiles sont présentes.

Marguerite Yourcenar (Marguerite de Crayencour, dite),
Alexis ou le Traité du vain combat (Plon)

Le véritable lieu de naissance est celui où l'on a porté
pour la première fois un coup d'œil intelligent
sur soi-même.

Marguerite Yourcenar (Marguerite de Crayencour, dite), *Mémoires d'Hadrien* (Plon)

Savoir où l'on veut aller, c'est très bien;
mais il faut encore montrer qu'on y va.

Émile Zola, *Correspondance*, à Léon Hennique, 1877 (Fasquelle)

Dictons et proverbes chinois

À qui sait attendre, le temps ouvre les portes.

Anonyme

Au cheval le plus sûr ne lâche pas la bride.

Anonyme

Celui qui a déplacé la montagne,
c'est celui qui a commencé par enlever
les petites pierres.

Anonyme

Cent non font moins mal qu'un oui jamais tenu.

Anonyme

Ceux qui ne sont pas vertueux, je les traite comme
des gens vertueux et ils deviennent vertueux.

Anonyme

Le moment donné par le destin vaut mieux
que le moment choisi.

Anonyme

Celui qui sait vaincre n'entreprend pas la guerre.

Anonyme

C'est le propre d'une âme magnanime
de consulter les autres;
une âme vulgaire se passe de conseils.

Anonyme

Toutes les fleurs de l'avenir sont dans les semences
d'aujourd'hui.

Anonyme

Avec le temps et la patience, la feuille du mûrier
devient de la soie.

Anonyme

C'est par le bien-faire que se crée le bien-être.

Anonyme

C'est aux pensées à nourrir les paroles,
aux paroles à vêtir les pensées.

Anonyme

Balayez la neige devant votre porte avant de faire des
plantes sur le gel qui recouvre le toit de votre voisin.

Anonyme

Celui qui ne sait pas se fâcher est un sot,
mais celui qui ne veut pas se fâcher est un sage.

Anonyme

Il faut faire vite ce qui ne presse pas pour pouvoir
faire lentement ce qui presse.

Anonyme

Le savoir que l'on ne complète pas chaque jour
diminue tous les jours.

Anonyme

Le corps se soutient par les aliments
et l'âme par les bonnes actions.

Anonyme

Le malheur n'entre guère que par la porte
qu'on lui a ouverte.

Anonyme

Les jolies filles ne sont pas toujours heureuses
et les garçons intelligents sont rarement beaux.

Anonyme

Les cœurs les plus proches ne sont pas ceux
qui se touchent.

Anonyme

Le secret le mieux gardé est celui qu'on garde
pour soi.

Anonyme

L'homme maître de soi n'aura point d'autre maître.

Anonyme

Pourquoi se jeter à l'eau avant que la barque
ait chaviré?
De même que le fleuve retourne à la mer,
le don de l'homme revient vers lui.

Anonyme

Chaumière où l'on rit vaut mieux que palais
où l'on pleure.

Anonyme

La mauvaise herbe, vous ne devez pas la couper,
mais la déraciner.

Anonyme

Il n'est pas de joie qui égale celle de se créer
de nouvelles amitiés.

Anonyme

L'esprit cultivé est son propre paradis, l'esprit
ignorant est son propre enfer.

Anonyme

Nourrir l'ambition dans son cœur,
c'est porter un tigre dans ses bras.

Anonyme

Le sage s'interroge lui-même,
le sot interroge les autres.

Anonyme

On connaît une bonne source dans la sécheresse
et un bon ami dans l'adversité.

Anonyme

Le travail de la pensée ressemble au forage
d'un puits;
l'eau est trouble d'abord, puis elle se clarifie.

Anonyme

La vertu est belle dans les plus laids,
le vice est laid dans les plus beaux.

Anonyme

Lorsque trois hommes ont le même but,
l'argile se change en or.

Anonyme

L'eau ne reste pas sur les montagnes,
ni la vengeance sur un grand cœur.

Anonyme

L'eau courante ne se corrompt jamais.

Anonyme

Le sage ne se débat pas contre le sort.

Anonyme

Les paroles des cœurs unis sont odorantes
comme des parfums.

Anonyme

Une bouchée de fruit d'immortalité vaut mieux
qu'une indigestion d'abricots.

Anonyme

Qui s'endort médisant se réveille calomnié.

Anonyme

Le silence est un ami qui ne trahit jamais.

Confucius

Que j'ai donc de la chance!
Toutes les fois que je commets une erreur,
il y a toujours quelqu'un pour la découvrir.

Confucius

Un bol de riz avec de l'eau et le coude pour oreiller,
voilà un état qui a sa satisfaction.

Confucius

Celui qui ne réfléchit pas et n'établit pas son plan
longtemps à l'avance trouvera les difficultés
à sa porte.

Confucius

L'homme supérieur est comme l'archer
qui n'atteint pas toujours son but,
mais qui ne s'en prend qu'à lui-même.

Confucius

Rendez le bien pour le bien et la justice pour le mal.

Confucius

Se regarder scrupuleusement soi-même,
ne regarder que discrètement les autres.

Confucius

Oublie les injures, n'oublie pas les bienfaits.

Confucius

La joie est en tout, il faut savoir l'extraire.

Confucius

Jugez des autres par vous-même
et agissez envers eux comme vous voudriez
que l'on agît envers vous-même.

Confucius

La conscience est la lumière de l'intelligence
pour distinguer le bien du mal.

Confucius

Lorsqu'on a fait de grandes choses et obtenu
la gloire, il faut se retirer à l'écart.

Lao Tseu

L'homme content de son sort ne connaît pas la ruine.

Lao Tseu

Le plus grand arbre est né d'une graine menue;
une tour de neuf étages est partie d'une poignée
de terre.

Lao Tseu

Un voyage de mille lis a commencé par un pas.

Lao Tseu

Le plus grand conquérant est celui qui sait vaincre
sans bataille.

Lao Tseu

Le saint ne s'attache pas à ses mérites,
et c'est pourquoi ils ne le quittent point.

Lao Tseu

Savoir se contenter de ce que l'on a: c'est être riche.

Lao Tseu

L'échec est le fondement de la réussite.

Lao Tseu

Imposer sa volonté aux autres, c'est force.
Se l'imposer à soi-même, c'est force supérieure.

Lao Tseu

Ceux qui savent ne parlent pas, ceux qui parlent
ne savent pas.

Lao Tseu

Connaître les autres, c'est sagesse.
Se connaître soi-même, c'est sagesse supérieure.

Lao Tseu

Le sage paraît lent, mais il sait former des plans
habiles.

Lao Tseu

Les paroles dont la simplicité est à la portée de tout le
monde et dont le sens est profond sont les meilleures.

Lao Tseu

Le sage venge ses injures par des bienfaits.

Lao Tseu

Le grand défaut des hommes est d'abandonner leurs
propres champs pour ôter l'ivraie de ceux des autres.

Mencius

Grand est celui qui n'a pas perdu son cœur d'enfant.

Mencius

En se courbant d'un pied, on se redresse de huit.

Mencius

Cherchez, et vous trouverez.

Mencius

Un homme n'est pas bon à tout,
mais il n'est jamais propre à rien.

Se Ma-fa

On ne peut devenir parfait,
mais ignorer la perfection: voilà la perfection.

Tchouang-Tseu